Para onde vai o cristianismo?

Obras do Autor nesta Editora

Igreja — Ícone da Trindade
Teologia em diálogo

BRUNO FORTE

Para onde vai o cristianismo?

TRADUÇÃO:
Orlando Soares Moreira

Edições Loyola

Título original:
Dove va il cristianesimo?

via Ferri, 75 — 25123 Brescia (Itália)
ISBN: 88-399-0771-8

REVISÃO: *Maurício Balthazar Leal*

DIAGRAMAÇÃO: *Paula Regina Rossi Cassan*

Edições Loyola
Rua 1822 nº 347 – Ipiranga
04216-000 São Paulo, SP
Caixa Postal 42.335 – 04218-970 – São Paulo, SP
☎:(0**11) 6914-1922
📠:(0**11) 6163-4275
Home page e vendas: www.loyola.com.br
Editorial: loyola@loyola.com.br
Vendas: vendas@loyola.com.br

ISBN: 85-15-02624-4

Sumário

INTRODUÇÃO 9

1. O CRISTIANISMO NO FINAL DO SÉCULO XX 11

1.1. O Norte do mundo: a crise da modernidade ocidental e a teologia como reserva de sentido 13

a) *Europa: em direção à 'concentração teológica' e aos 'sistemas abertos'* 16

b) *América do Norte: as 'teologias da práxis'* 19

1.2. O Sul do mundo: o 'reverso da história' e a teologia como consciência crítica da libertação 23

a) *Teologia 'a partir do reverso da história'* 25

b) *Libertação e contextos históricos da opressão* 28

1.3. Desafios vindos do Oriente: a Ortodoxia e o diálogo com as grandes religiões 31

a) *O* lumen *oriental: a Ortodoxia* ... 33
b) *A 'santa raiz': a relação entre Israel e a Igreja* ... 36
c) *O desafio das outras religiões: islamismo, religiões da Índia e do Extremo Oriente* ... 39

1.4. PERSPECTIVAS DA 'GLOBALIZAÇÃO': OS DESAFIOS E OS PROCESSOS DE UNIDADE ... 43
a) *Os desafios da 'globalização': ecologia, justiça, ética* ... 44
b) *Os processos de unidade: teologia e espiritualidade; ecumenismo e catolicidade; compromisso com a justiça, a paz e a salvaguarda da criação* ... 50

BIBLIOGRAFIA ... 58

2. A 'RECEPÇÃO' DO VATICANO II ... 61

2.1. VATICANO II: O 'CONCÍLIO DA HISTÓRIA' ... 61

2.2. A *QUAESTIO DE VERITATE*: A RELAÇÃO ENTRE VERDADE E HISTÓRIA ... 66

2.3. ENTRE ORTODOXIA E ORTOPRÁXIS: A VIA DA BELEZA ... 71

3. FALAR DE DEUS NO MUNDO PÓS-MODERNO ... 79

3.1. A PARÁBOLA DA ÉPOCA MODERNA ... 80

3.2. A FIGURA DO OUTRO ... 90

3.3. RUMO A QUAL TEOLOGIA CRISTÃ? ... 93

4. O HUMANISMO CRISTÃO E OS CENÁRIOS DO TEMPO ... 97

4.1. A antropologia do domínio da identidade: a ideologia moderna 99

4.2. A antropologia da diferença irredimível: o niilismo 101

4.3. A antropologia da eternidade no tempo: o 'novo humanismo' cristão 105

4.4. O humanismo cristão entre diálogo e anúncio 113

5. CONCLUSÃO: RUMO A QUAL CRISTIANISMO? 123

5.1. Os cenários do tempo no conflito das interpretações 123

5.2. A pergunta sobre Deus e a 'reserva escatológica' 132

5.3. Uma ordem de prioridade para a consciência cristã: *martyría* — *koinōnía* — *diakonía* 137

ÍNDICE DE NOMES 143

Introdução

PARA onde vai o cristianismo? É esta a pergunta a que pretendem responder os textos reunidos neste livro. Nascidos em circunstâncias diversas[1], eles se unificam num mesmo objetivo: explicar como, adentrado já o novo milênio, se vive nos diferentes contextos históricos a mediação entre a salvação e a história, que é a missão própria e originária da comunidade dos discípulos de Cristo. Embora tenha consciência dos limites desta contribuição, o que gostaria de estimular é a

1. O capítulo 1 reproduz o verbete *Cristianismo*, que se encontra em ISTITUTO DELL'ENCICLOPEDIA ITALIANA G. TRECCANI, *Enciclopedia del Novecento. Supplemento X*, Roma 1998, 449-460. O capítulo 2 é o relatório apresentado no Encontro Internacional sobre a *Atuação do Concílio Ecumênico Vaticano II*, realizado no Vaticano de 25 a 27 de fevereiro de 2000. O capítulo 3 retoma com algumas modificações o texto de uma conferência feita (e publicada) em várias línguas; em italiano está em *La teologia in discussione*, Guida Editori, Nápoles 1991, 29-55. O capítulo 4 reproduz o relatório feito em Roma no dia 12 de fevereiro de 2000 no encontro promovido pela Congregação para a Educação Católica e pelo Pontifício Conselho da Cultura em preparação ao Jubileu dos Universitários. A Conclusão é inédita.

paixão do pensamento e da vida pelo anúncio da Beleza que salvará o mundo, a beleza do Crucificado Ressurgido, que se encontra Vivo na Sua Igreja.

Bruno Forte
1° de janeiro de 2000
Exeunte saeculo,
tertio millenio adveniente

1

O cristianismo no final do século XX

A situação histórica do cristianismo nos últimos vinte anos do século XX caracterizou-se por um profundo processo de 'regionalização', unido de maneira ao mesmo tempo inseparável e dialética ao mais geral fenômeno da 'globalização'. Na 'aldeia global' que o planeta se tornou hoje, conectado como está pela rede mundial de computadores e pelas várias formas de interdependência econômica e política, as comunidades cristãs se vêem diante do desafio de assumir uma posição original e criativa nos mais diversos contextos sociais, culturais e espirituais. Ao período de 'renovação', ligado, no caso da Igreja Católica, à primavera do Concílio Vaticano II (1962-1965) e, para as outras Igrejas, ao nascimento e ao desenvolvimento do movimento ecumênico moderno e às transformações da teologia com relação à herança do século XIX, seguiu-se uma condição definida eficazmente como de 'deslocamento'[1], fruto da nova consciência e experiência do

1. A esse *déplacement* a revista *Concilium* dedicou uma emblemática monografia, em 1978.

pluralismo das culturas, das urgências histórico-políticas, das necessidades e das expressões espirituais e religiosas. No âmbito da teologia — consciência crítica da vivência cristã e eclesial — o deslocamento foi se delineando com o aparecimento de novos lugares geográficos de elaboração teológica (América Latina, África, Ásia) ao lado do monopólio europeu tradicional, de novos protagonismos (em primeiro lugar, o dos leigos e das mulheres) em relação aos preponderantes clericalismo e machismo do passado, e de novos métodos (com referência especialmente ao surgimento do valor da práxis: 'ortopráxis') em relação à exclusiva prioridade do momento doutrinal-objetivo ('ortodoxia'). A dialética entre 'regionalização' e 'globalização' é precisamente o fenômeno que emerge como efeito característico dessas transformações. Se a atenção à 'inculturação' da fé exige a profunda aceitação dos desafios dos contextos e a assunção ao mesmo tempo positiva e crítica das linguagens — expressões de heranças culturais e de sistemas relacionais até muito diferentes entre si —, ela estabelece simultaneamente a questão decisiva da comunicação da própria fé, ou seja, da possibilidade de manter vínculos reais de unidade e de recíproco entendimento entre teologias e práticas cristãs diversamente contextualizadas. Aliás, o próprio processo de 'globalização' em curso em todo o planeta vem desafiar os, todavia necessários, processos de inculturação, a fim de que eles não tornem a tal ponto absoluto cada contexto em particular que impeçam o diálogo e o encontro das diversidades numa rede comunicativa e numa unidade na fé mais ampla e profunda do que as próprias diversidades (temática expressa pelas idéias eclesiológicas de *communio ecclesiarum* e de 'Igreja como comunhão', dominantes no Concílio

Vaticano II e nos desdobramentos da sua recepção, como evidenciou o Sínodo dos Bispos, vinte anos depois do Concílio, em 1985).

A apresentação do cristianismo de fim do século, tentada aqui de modo apenas evocativo e numa perspectiva interpretativa necessariamente até muito geral, parte, portanto, das análises dos desafios contextuais e das formas de inculturação teológica e histórica da fé ('regionalização'). Examinará ela sucessivamente 1) a cristandade ocidental, a européia e a norte-americana, 2) a latino-americana, a asiática e a africana e 3) a do Oriente europeu (Ortodoxia) e asiático (desafio das grandes religiões). Uma parte conclusiva tenderá a 4) identificar os desafios e os processos que da regionalização partem para a não menos urgente unificação exigida pelo compromisso de propor a mensagem cristã à 'aldeia global', de que todos nós — de maneira mais ou menos ativa e consciente — fazemos parte.

1.1. O Norte do mundo: a crise da modernidade ocidental e a teologia como reserva de sentido

A parábola da modernidade ocidental coincide com o processo que vai do triunfo da razão onicompreensiva e total, própria do Iluminismo e da sistematização idealista, à experiência difusa da fragmentação e do contra-senso, que se seguiu à queda dos horizontes fortes da ideologia, característica do período chamado 'pós-moderno'. O 'século longo', o liberal e burguês século XIX, que se iniciou com a Revolução Francesa e terminou apenas com a tragédia da Primeira Guerra

Mundial, dá lugar ao chamado 'século breve'[2], marcado pela afirmação de totalitarismos ideológicos e que acabaram em crise, de que é metáfora o fatal 1989 (queda do muro de Berlim). Essa deriva é assim apresentada por Max Horkheimer e Theodor W. Adorno no início de sua *Dialética do Esclarecimento*: "O Esclarecimento, no sentido mais amplo de pensamento em contínuo progresso, perseguiu sempre o objetivo de tirar dos homens o medo e de os tornar senhores. Mas a terra inteiramente iluminada resplende como triunfal desventura"[3].

O desenvolvimento da modernidade ocidental é assim constitutivamente ambíguo. De um lado, ele abraça os sonhos e os projetos de emancipação que visam tornar o homem sujeito e não objeto da própria história — da emancipação dos povos explorados à das classes e raças oprimidas e à emancipação da mulher —; nesse sentido, a modernidade iluminada produz conquistas decisivas e representa expectativas inevitáveis. De outro lado, porém, o período a partir do Iluminismo é também o período da violência ideológica praticada pelos diversos totalitarismos históricos. Ao pretender explicar e dar sentido a tudo, a ideologia tende a abarcar toda a realidade, até estabelecer a equação acabada entre ideal e real: nela não há espaço para a diferença ou o dissenso. Por isso, as expressões históricas das ideologias são todas inexoravelmente violentas: a realidade deve se dobrar diante do poder onicompreensivo do conceito. O sonho de totalidade torna-se totalitário e a embriaguez da racionalidade ideológica produz a própria crise. Como observa o

2. Cf. E. HOBSBAWM, *A era dos extremos — o breve século XX*, Cia. das Letras, São Paulo 1995[10].

3. Einaudi, Turim 1966, 11.

teólogo evangélico Dietrich Bonhoeffer, mártir da barbárie ideológica do nacional-socialismo, em 1945, no campo de concentração de Flossenburg, "o dono da máquina torna-se seu escravo e a máquina se torna inimiga do homem. A criatura se rebela contra quem a criou, singular réplica do pecado de Adão! A emancipação das massas desemboca no terror da guilhotina. O nacionalismo leva inevitavelmente à guerra. O ideal absoluto da libertação leva o homem à autodestruição. No final do caminho pelo qual enveredamos com a Revolução Francesa encontra-se o niilismo"[4].

A crise da razão iluminada, que na Europa se manifestou com a falência dos vários totalitarismos ideológicos, dá lugar, nas culturas do Ocidente, à chamada 'pós-modernidade', que — justamente como reação às certezas das ideologias — se oferece antes de mais nada como processo de abandono da violência totalizadora da idéia e de suas presunções de fundamento forte e de cumprimento absoluto.

Se para a ideologia tudo fazia sentido, para o pensamento fraco da condição pós-moderna nada mais parece ter sentido: é tempo de naufrágio e de queda; a indiferença substitui a paixão ideológica. Delineia-se assim o extremo rosto da crise de época do século que chega ao fim: o rosto da *décadence*. Assim a descreve Bonhoeffer, refletindo sobre o drama da consciência européia, por ele vivido pessoalmente: "Não havendo nada durável, enfraquece o fundamento da vida histórica, ou seja, a confiança, em todas as suas formas. E por não haver confiança na verdade ela é substituída pelos sofismas da pro-

---

4. *Etica*, org. E. BETHGE, Bompiani, Milão 1969^2, 86s.

paganda. Faltando a confiança na justiça, declara-se justo o que convém... É essa a situação de nosso tempo, que é um tempo de autêntica decadência"[5]. A decadência priva a pessoa da paixão pela verdade, despoja-a das motivações fortes que a ideologia ainda parecia lhe oferecer. Teria intenção de persuadir a um otimismo ingênuo e universal, que não tem necessidade de imobilizar a negatividade do adversário, porque tende apenas a dobrá-lo ao próprio cálculo e ao próprio interesse. É o triunfo da máscara em detrimento da verdade, a cujo serviço com tanta freqüência trabalham os 'persuasores ocultos' da civilização da multimídia que foi se impondo com impressionante aceleração nos últimos decênios do século. A 'cultura forte', expressão da ideologia, dividiu-se nos muitos riachos das 'culturas fracas', na 'multidão das solidões' em que a penúria de esperanças 'amplas' dobra cada um no curto horizonte de seu 'pormenor'. As razões de viver e de viver juntos são substituídas pela reivindicação do imediatamente útil e conveniente: os conflitos étnicos e a emergência de particularismos muitas vezes obtusos e caprichosos neste *fin de siècle* são uma difusa prova disso. De modo preponderante é esse o horizonte da ação do cristianismo no Ocidente...

a) *Europa: em direção à 'concentração teológica' e aos 'sistemas abertos'*

Como reage a consciência cristã diante da realização da parábola da modernidade, que da embriaguez ideológica chega

5. Ibid., 91.

ao tempo da *décadence*? Ela, que teve um indubitável papel na evolução e na determinação da crise das ideologias, encontra-se diante de desafios em grande parte imprevistos. Se, de um lado, nos anos do fascínio exercido pelos mundos ideológicos, a 'teologia da esperança', definida em seu significado mais profundo à luz do 'Deus crucificado' (cf. as obras do evangélico Jürgen Moltmann), e a 'teologia política' (elaborada pelo católico Johannes Baptist Metz) tinham evocado a permanente vigilância da 'reserva escatológica' contida na fé cristã em relação a todos os absolutismos mundanos; se a resistência aos totalitarismos ideológicos fora um traço difuso das comunidades eclesiais, inclusive a custo de altíssimos preços, especialmente nos países do chamado 'socialismo real', o fim da contraposição em dois blocos das sociedades européias, de outro lado, não produz a integração esperada. Tornar consistente o consenso contra o adversário ideológico era bem mais fácil que produzir consenso a favor de um horizonte comum de sentido. Eis por que o grande desafio que parece se delinear nestes anos para a consciência cristã, sobretudo da Europa ocidental, é o de oferecer horizontes unificadores, não ideológicos nem violentos, capazes de motivar o compromisso comum para a construção de uma sociedade eqüânime e solidária com todos. Isso explica a necessidade emergente na teologia européia dos nossos dias de voltar a propostas 'sistemáticas' capazes de oferecer uma visão de conjunto da vida e da história e, portanto, aptas a fundamentar uma práxis de compromisso que vença a deriva da indiferença. Do ponto de vista de conteúdos, essas propostas retomam significativamente os temas centrais da teologia e em particular a questão de Deus, a especificidade trinitária da mensagem cristã, sua importância para a interpretação da escatologia e para a leitura teológica da história. Depois dos anos da renovação eclesiológica, conexa com a recepção do Concílio Vaticano II, e do predominante interesse cristológico dos anos 1970, à procura em Jesus, o Cristo, de um fundamento ao mesmo tempo histórico e transcendente como alternativa às seduções das ideologias (p. ex., as obras de Walter Kasper, na Alemanha, e de Christian Duquoc, na França) ou, ao contrário, de um modelo a elas conveniente (como nas 'teologias da revolução'), delineou-se, a partir dos anos 1980, um renovado interesse pela questão teológica pura e por suas implicações em relação aos vários aspectos da vida e da história. Bastarão alguns exemplos significativos: os próprios teólogos que, nos anos 1960, tinham elaborado, sobretudo na Alemanha, a proposta de uma 'teologia da esperança' percebem hoje a urgência de propor uma 'dogmática messiânica' (J. Moltmann), ou uma orgânica 'teologia sistemática' (como a do luterano Wolfhart Pannenberg, em três monumentais volumes), centradas na revelação do Deus de Jesus Cristo. À mesma exigência correspondem em contextos diversos as obras de síntese (como as histórias da teologia, numerosas nestes anos, que vêm realmente preencher uma lacuna; entre elas as de E. Vilanova, G. Lafont, B. Mondin, R. Osculati e, de autoria coletiva, as editadas pelas Edições Piemme ou pelas Dehoniane; ou, na Itália, as enciclopédias e os dicionários teológicos e, na França, a *Initiation à la pratique de la théologie*, em cinco volumes, ou os três volumes da *Introduction à la théologie*, dirigida por Joseph Doré), mas também trabalhos de apresentação orgânica da fé cristã, produzidos por cada autor particularmente empenhado no diálogo com o pensamento do chamado 'pós-moderno' (como, na Itália, a *Simbolica ecclesiale*, em oito volumes, de Bruno Forte, construída sobre a recuperação da centralidade da fé trinitária e da forma histórica no pensamento teológico). Análogas orientações teológico-sistemáticas inspiram obras como as dos teólogos católicos Edward Schillebeeckx (Holanda), Joseph Ratzinger e Walter Kasper (Alemanha), do evangélico Eberhard Jüngel, e as tentativas provenientes da mais recente elaboração teológica espanhola (Olegario González de Cardedal, Josep Rovira Belloso, Andrés Torres Queiruga etc.).

Deve-se esclarecer que nenhum desses trabalhos se propõe a ser uma síntese total; pelo contrário, manifesta-se em todos uma notável vigilância crítica em relação à possível ideologização do cristianismo. Percebe-se, porém, a necessidade de propor uma síntese, ainda que 'aberta', ou seja, inspirada numa razão teológica histórica, fortemente alimentada numa inspiração bíblica. Também a relação com a vivência espiritual e eclesial e com a grande tradição cristã é considerada condição não apenas útil, mas necessária para preservar de tentações sistemáticas de sabor ideológico a reflexão crítica da fé. A teologia tende a se oferecer, afinal, como reserva de sentido e como proposta de motivação e de esperança diante da crise do fundamento e da renúncia niilista de grande parte da cultura européia pós-moderna.

b) *América do Norte: as 'teologias da práxis'*

Se na Europa a teologia parece reagir aos processos de trituração e de decadência desses anos com a retomada da ousadia sistemática do pensamento em torno das questões últimas, na outra parte do Norte do mundo, o Ocidente norte-americano, são as 'teologias da práxis' que estão em primeiro plano. A crise da ideologia do velho Continente corresponde aqui a um certo triunfalismo ambíguo do modelo americano ('reaganismo'), fundamentado na exacerbação do individualismo dos direitos (*rugged individualism*) em detrimento dos mais fracos, incapazes de fazer valer as próprias necessidades, muitas vezes elementares e prioritárias, como os direitos sociais. Compreende-se então por que as urgências da emancipação se mostram nesse contexto como normas para a reflexão crente. Se a *Black Theology* (James Cone) leva adiante a tomada de consciência da dignidade e do protagonismo da América negra, à luz da mensagem de igualdade e de libertação do Evangelho, mediada especialmente nos relatos do tempo da escravidão, plenos de uma teologia expressa na linguagem ancestral da cosmovisão africana[6], a 'teologia feminista' reivindica não apenas o reconhecimento das plenas igualdade e reciprocidade entre homem e mulher, mas também a eliminação dos preconceitos 'sexistas' na vida social civil e eclesial (M. Daly, R. Radford Ruether, E. Schüssler Fiorenza). Essa tomada de consciência quer se nutrir cada vez mais de uma reformulação radical dos fundamentos teológicos da existência cristã, a começar da imagem de Deus, ligada ainda a uma cultura machista[7]. A exigência do recurso a uma 'linguagem inclusiva' a

6. Cf. a obra editada por D. N. HOPKINS e G. C. L. CUMMINGS, *Cut Loose Your Stammering Tongue. Black Theology in the Slave Narratives*, Orbis, Maryknoll (NY) 1991.

7. Cf. o livro de E. JOHNSON, *She Who Is: The Mystery of God in Feminist Theological Discourse*, Crossroad, New York 1992.

ser usada na Bíblia e na liturgia, ou seja, capaz de evitar qualquer discriminação sexista, é um sinal do radicalismo e da vastidão dessas exigências. A exacerbação dos tons e a violência que às vezes assume a denúncia não devem toldar as razões positivas e a inspiração religiosa e espiritual de grande parte dessas aproximações. Elas estão tanto mais presentes quanto mais a reflexão se fundamenta numa releitura da memória: na história oficial e para além dela — escrita pelos vencedores (os homens) — deseja-se descobrir a presença oculta e reprimida (ainda que decisiva) da realidade feminina.

Os sistemas socioculturais e econômicos que foram se desenvolvendo com o tempo no Ocidente (mas não somente nele; lembremos, p. ex., a denúncia feita pela 'teologia asiática da mulher', da indonésia Marianne Katoppo) relegaram em geral a mulher a uma condição de dependência e de exploração em que ela estava totalmente destinada às necessidades e às pretensões do macho. Por isso, a teologia feminista se propõe como teoria crítica da libertação, teologia da integralidade humana e não somente feminina, voltada à correção da imagem de um Deus só masculino, para ajudar o macho, a exemplo de Jesus, a aceitar os componentes femininos do próprio ser, e a mulher a se exprimir plenamente como pessoa, para que ambos sejam autenticamente humanos segundo a imagem de Deus neles, numa relação de plena reciprocidade (reafirmada, a partir da narrativa do Gênesis, pelo papa João Paulo II na encíclica *Mulieris dignitatem*, de 1988, dedicada justamente à dignidade da mulher à luz da mensagem cristã). Ao lado dessas 'teologias da práxis', que surgiram como resposta a urgências concretas e a sofrimentos seculares, deve-se destacar a ação de consciência crítica realizada na América por muitos crentes em favor da justiça e da paz, tendo em vista uma ordem econômica mais atenta às exigências da solidariedade para com os mais fracos. Um exemplo significativo é a ação do episcopado católico dos Estados Unidos, que fez intervenções sobre esses temas com documentos e pronunciamentos de grande importância, fruto muitas vezes de longa e sofrida gestação. A crise da consciência americana se manifesta, todavia, até numa necessidade renovada de certezas fáceis e de fortes referências diante especialmente dos frutos negativos da revolução dos costumes dos anos 1960 e 1970: o flagelo da Aids contribuiu certamente para a aceleração desse processo. Não causa espanto, por isso, o renascimento dos fundamentalismos, a banalização da proposta religiosa (graças também ao uso comercial da mídia: "*shopping for God in America*"!), o fascínio exercido por posições integralistas mesmo dentro das Igrejas tradicionais e, em geral, a carência de uma reflexão teológico-sistemática profunda, capaz de superar o pragmatismo e o conseqüente relativismo moral. É emblemática nesse sentido a evolução do autor do manifesto da secularização americana, Harvey Cox, que das posições de *The Secular City* (1965) passa às de *Religion in the Secular City* (1984), em que afirma não somente a persistência da religião, mas a afirmação de que a sociedade toda deve ser entendida como fenômeno religioso. A contribuição de um vasto conhecimento bíblico (basta lembrar a obra de Raymond E. Brown), de um amplo debate ético (p. ex., as discussões suscitadas pelo caso Curran, mas também mais em geral a trabalhosa procura de uma ética do discernimento espiritual, baseada numa consciência forte da primazia de Deus e na contínua verificação objetiva e eclesial das inclinações e das escolhas subjetivas) e de pensadores individuais de vigor sistemático (como entre os católicos Avery Dulles e David Tracy e entre os evangélicos Geoffrey Wainright) parecem não incidir sobre os processos em vigor, às vezes marcados por fortes contraposições e por dolorosas lacerações. O desafio da mudança ao cristianismo americano parece que em grande parte deverá ainda ser posto em jogo...

I.2. O Sul do mundo: o 'reverso da história' e a teologia como consciência crítica da libertação

Se no Norte do mundo o cristianismo parece chamado a oferecer um horizonte de sentido capaz de fazer superar a crise ética que se seguiu à queda dos sistemas ideológicos da modernidade, o contexto social e político do Sul do mundo, sobretudo africano e latino-americano, provoca os crentes a uma tomada de consciência das situações de exploração e de opressão em que se encontra a maior parte da humanidade e a um compromisso com a libertação e a justiça, inspirado pela fé no Deus de Jesus Cristo. No final dos anos 1960, escrevia Gustavo Gutiérrez, o fundador da 'teologia da libertação': "Há muito se fala no mundo cristão do 'problema social' ou da 'questão social', mas somente nos últimos anos é que se teve clara consciência da amplitude da miséria e, sobretudo, da situação de opressão e de alienação em que vive a imensa maioria da humanidade. Um estado de coisas que representa uma ofensa ao homem e, conseqüentemente, a Deus"[8]. O 'mundo das não-pessoas', ou seja, daqueles a quem de fato se nega o direito de existir e de se desenvolver no respeito a sua dignidade humana, é dirigido por um sistema de dependência pelo qual alguns países e classes sociais se tornam cada vez mais ricos e poderosos, ao passo que outros (os países e as classes 'dependentes') o conseguem cada vez menos. Não basta intervir nesse estado de coisas inspirando-se na ideologia do desenvolvimento (*desarrollismo*), porque esse tipo de ação continua pilotado pelo mais forte e mantém, portanto, os países e os grupos sociais mais fracos em sua condição de exploração. O que é preciso promover é uma tomada de consciência dos oprimidos, que de objetos de alienação os torne sujeitos e protagonistas da própria história. Mas também essa obra de 'conscientização' dos pobres não será suficiente se, ao mesmo tempo, não houver uma ação pela promoção de uma nova ordem econômica internacional que modifique as estruturas objetivas de dependência, pondo os povos mais fracos na condição de poder operar o próprio crescimento (basta pensar no enforcamento que representa a dívida internacional de muitos países entre os mais pobres do mundo, cujo PIB inteiro não seria suficiente para pagar os juros devidos todos os anos em função da dívida contraída). A denúncia resultante dessa análise foi assumida pela Igreja latino-americana, especialmente nas conferências gerais do

8. *Teologia della liberazione*, Queriniana, Brescia 1972, 69 [ed. br.: *Teologia da libertação — Perspectivas*, Edições Loyola, São Paulo 2000].

episcopado do continente, em Medellín (Colômbia), em 1968, e em Puebla (México), em 1979. A assembléia realizada em Santo Domingo, em 1992, confirmando a exigência da promoção integral da pessoa humana e da inculturação necessária a uma nova evangelização, deu especial atenção às culturas indígenas, afro-americanas e mestiças. Também o Sínodo para a África, realizado em Roma, em 1994, percebeu essa situação de dependência, que perdura para além do fim aparente dos colonialismos, ao estimular a Igreja a "se fazer voz dos que não têm voz" (cf. o documento pós-sinodal promulgado pelo papa João Paulo II em Iaundé, Camarões, em 1995), e o primeiro colóquio teológico da Federação das Conferências Episcopais Asiáticas, realizado em Pattaya (Tailândia), em 1994, ressaltou que "ser Igreja na Ásia" exige uma ativa co-responsabilidade de todos os crentes "a serviço da vida".

a) *Teologia 'a partir do reverso da história'*

O que se pede à fé cristã diante das situações de enorme injustiça que marcam o chamado 'Terceiro Mundo'? O efeito principal do grito de alarme lançado pela 'teologia da libertação' foi o de motivar as comunidades cristãs a uma opção preferencial pelos pobres e pelos oprimidos. Se isso não aconteceu sem ambigüidades e, às vezes, com concessões às sugestões de interpretações ideológicas (a respeito, há um alerta do documento da Congregação para a Doutrina da Fé *Libertatis nuntius,* de agosto de 1984), a verdade, todavia, é que raramente uma reflexão teológica marcou com tanta rapidez e de modo significativo a práxis eclesial (como se dependesse do documento seguinte da mesma Congregação, *Liberdade cristã e libertação*, de 1986, e como está expresso nas palavras do papa João Paulo II aos bispos do Brasil, em abril de 1986, quando a teologia da libertação é definida como "não apenas oportuna, mas útil e necessária"). Isso se deve também à gravidade inevitável das urgências a que a teologia da libertação quis responder: diante da história entendida de maneira iluminista, como progresso realizado à custa dos vencidos e dos explorados, está o *reverso da história*, a memória de séculos de opressão, cancelada ou ignorada, o presente de dor, de luta e de esperança dos fracos e dos marginalizados, seu sonho de um futuro diferente de libertação. O sujeito dessa *outra* história não é o burguês, que segue a ideologia ocidental de direita e de esquerda, mas o conjunto dos oprimidos, a somatória sem fim de suas histórias de sofrimento. O pobre faz-se sujeito da própria história quando recupera a identidade de sua memória, que o faz perceber a imensa dignidade da dor passada, da dor dos vencidos, quando aprende a ler com olhos novos o presente, percebendo relações iníquas de dependência onde antes via o fruto da fatalidade ou o preço de uma antiga culpa de atraso, e projeta passos concretos para avançar em direção à libertação. No contexto vivo desse processo põe-se a pergunta decisiva de que nasce a teologia da libertação: "Numa realidade marcada pela pobreza e pela opressão, como falar de um Deus que se revela como amor? Como anunciar o Deus da vida a pessoas que sofrem uma morte prematura e injusta? Como reconhecer o dom gratuito do seu amor e da sua justiça a partir do sofrimento do inocente? Com que linguagem dizer a todos os que não são considerados pessoas que eles são filhos e filhas de Deus?"[9]. Para os teólogos da libertação, o mundo das não-pessoas exige o abandono de uma epistemologia racionalista, que se contente com reconciliações puramente ideais, a favor de uma epistemologia de sabor bíblico em que compreender signifique ao mesmo tempo amar e se comprometer pelos outros. A 'desprivatização' da mensagem cristã deve começar pelo próprio teólogo, chamado a se inserir vitalmente na história de seu povo, para atualizar nele e com ele a memória 'perigosa' da ação libertadora de Deus realizada em Jesus Cristo. Delineiam-se assim os três momentos característicos do método da teologia da libertação: a mediação socioanalítica, que olha para o mundo do oprimido; a mediação hermenêutica, que olha para a revelação divina e procura compreender seu projeto em relação ao pobre; a mediação prática voltada para o agir transformador da realidade[10]. Desse modo, a teologia se torna a consciência evangelicamente crítica da práxis cristã e eclesial, capaz de incidir na transformação do real e não apenas de interpretá-lo: "Somente levando a sério a dor da humanidade, o sofrimento do inocente e vivendo à luz pascal o mistério da cruz, em meio a essa mesma realidade, será possível evitar que nossa teologia seja 'palavras de vento' (Jó 16,3)"[11]. Mística e compromisso histórico, longe de se oporem, acabarão se encontrando nessa leitura da fé, movida pela caridade atenta e pela esperança

9. G. GUTIÉRREZ, *Parlare di Dio a partire dalla sofferenza dell'innocente*, Queriniana, Brescia 1986, 19.

10. Cf. C. BOFF, *Teologia e prática. Teologia do político e suas mediações*, Vozes, Petrópolis 1978.

11. G. GUTIÉRREZ, *Parlare di Dio...*, op. cit., 203.

vigilante[12]. Nos últimos dois decênios do século XX, de maneira significativa, a teologia da libertação foi aprofundando suas raízes na tradição cristã e na experiência espiritual, reconhecendo sua proveniência da mística espanhola do *século de ouro*, o século XVI, que encontra Deus não pela evasão da história, mas nela e por ela, como nas figuras dos grandes mestres espirituais Teresa de Ávila, João da Cruz e Inácio de Loyola[13]. Divulgada por meio da pregação feita ao povo por parte dos missionários chegados com os conquistadores e progressivamente deles emancipados, essa mística produziu uma forte valorização do sofrimento do pobre e do índio (lembremos as obras de Bartolomeu de las Casas, a quem Gutiérrez dedicou uma monumental pesquisa) e, conseqüentemente, uma consciência viva do fato de que o Deus de Jesus Cristo está do lado do fraco e do explorado e julga e chama à conversão o explorador e o poderoso. Não se pode separar a fidelidade à terra e a fidelidade ao céu quando está em jogo o sofrimento dos últimos e dos vencidos da história...

b) *Libertação e contextos históricos da opressão*

O projeto posto em prática pela teologia da libertação na América Latina logo inspirou outros processos de elaboração do saber crítico da fé: se na América do Norte ele se expressou — como se viu — na *Black Theology* e nas várias

---

12. Cf. G. GUTIÉRREZ, *Beber em seu próprio poço*, Edições Loyola, São Paulo, 2000.

13. Cf. S. GALILEA, *El futuro de nuestro pasado. Ensayo sobre los místicos españoles desde América Latina*, CLAR, Bogotá 1983.

formas da teologia feminista, na África e na Ásia ele partiu de diversos processos de inculturação da fé, característicos desses continentes, que têm em comum vastíssimos quadros de dependência e de pobreza[14]. Para ressaltar a comunhão do ponto de partida e do método na variedade dos contextos e para ajudar o conhecimento e a troca recíproca entre os teólogos igualmente empenhados "no serviço à missão da Igreja e como testemunho para uma nova humanidade em Cristo, expresso na luta por uma sociedade justa", nasceu e se desenvolveu nesses dois decênios a Associação Ecumênica dos Teólogos do Terceiro Mundo (EATWOT), que se reuniu pela primeira vez na Tanzânia, em 1976, quando se redigiu o *Manifesto de Dar-es-Salaam,* que pode ser considerado o ato oficial de nascimento da 'teologia do terceiro mundo'. Além de numerosos congressos teológicos nos três continentes, a Associação realizou, nesses anos, quatro assembléias gerais, respectivamente em Nova Déli (Índia), em 1981, em Oaxtepec (México), em 1986, em Nairobi (Quênia), em 1992, e em Manila (Filipinas), em 1996. Continua central a instância da libertação, além de todas as crises e desilusões: "A opressão", afirmou em Nairobi o teólogo Jon Sobrino, ao relembrar o assassínio/martírio dos jesuítas salvadorenhos, em 1989, não é uma moda; o grito dos oprimidos continua a subir até o céu...; Deus continua a escutar esses gritos, continua a condenar a opressão e continua a encorajar a libertação". E acres-

14. Um exemplo da difusão capilar do modelo é a teologia amadurecida no contexto do sofrimento do povo palestino: cf. N. S. ATEEK, *Justice, and only Justice. A Palestinian Theology of Liberation,* Orbis, Maryknoll (NYO) 1989.

centa a pergunta inquietante: "Como pode se definir 'cristã' uma teologia que passa por cima da crucifixão de povos inteiros e de sua necessidade de ressurreição, embora em seus livros continue a falar de um Crucificado e de um Ressuscitado de vinte séculos atrás?". A instância emergente é por uma cristologia que dê testemunho de um "mistério que dá vida" e ofereça um "paradigma para a ação". "Toda verdadeira cristologia se fundamenta na cristopráxis" (cf., p. ex., as posições de Aloysius Pieris e Tissa Balasurya, teólogos ceilonenses, ou de George Soares-Prabhu, teólogo indiano recentemente desaparecido, ou da *minjung theology* coreana, proposta por David Suh). A cristologia asiática do seguimento caracteriza-se, em relação à latino-americana, por uma mais marcada atenção ao diálogo inter-religioso: no esforço de abrir espaço ao patrimônio espiritual das tradições não-cristãs, pode-se correr o risco, todavia, de reduzir Jesus Cristo a um simples número do inexaurível mistério absoluto "que tem mil nomes salvíficos". A urgência de sair de um cristianismo colonial, eurocêntrico, é mais que justificada (e é ressaltada em particular na África: lembremos a obra do católico Jean-Marc Ela ou do anglicano John Mbiti, bem como marcos significativos como o nascimento de uma *Revue Africaine de Théologie,* em Kinshasa, Congo); muitas vezes, porém, são problemáticas as formas como essa superação é proposta. O caminho continua aberto: "O grito pela vida", afirma o documento final da Assembléia de Nairobi, "desafia-nos a afirmar constantemente o nosso compromisso de transformar cada realidade para que toda vida floresça". Em particular, a assembléia de Manila convocou os teólogos à vigilância em relação aos processos de globalização econômica em vigor, os quais se apresentam totalmente a favor das economias fortes contra as economias fracas, bem como a uma mais aguda sensibilidade diante do problema ecológico e dos desafios das culturas indígenas. O canteiro de obras da teologia sul-americana, africana e asiática se amplia: a consciência da fé do cristianismo no Terceiro Mundo faz-se mais adulta e vigilante, e cada vez menos dependente da Europa ou ligada a modelos teóricos e práticos não-inculturados. Isso estabelece de maneira evidente a questão da comunhão universal com as outras situações históricas do cristianismo na unidade da fé e da missão, inclusive em relação ao desafio crescente da globalização cultural. Presumivelmente, esses desafios empenharão o trabalho de todas as Igrejas nos próximos anos...

I.3. Desafios vindos do Oriente: a Ortodoxia e o diálogo com as grandes religiões

O Oriente pode ser considerado a pátria espiritual dos cristãos, porque foi dele que veio primeiro ao mundo greco-latino e depois ao universo inteiro a mensagem da fé no Filho de Deus encarnado, crucificado e ressuscitado. Se, porém, o Oriente europeu é o lugar próprio da cristandade oriental, e em particular ortodoxa, o Oriente asiático é o berço e o âmbito de difusão das grandes religiões com que o cristianismo se encontra hoje de maneira planetária: o judaísmo, "santa raiz" (cf. Rm 11,18) da Igreja, finalmente restabelecido na Terra Santa dos Pais, dos Reis e dos Profetas; o islamismo, nascido na Arábia não sem continuidade com a tradição judeu-cristã e voltado desde as origens para uma missão universal; as religiões da Índia, como o hinduísmo e o budismo, difundido o último além das fronteiras do continente indiano, especialmente na China e no Japão; o taoísmo, o confucionismo, o xintoísmo, presentes com uma história multimilenar nessas culturas. O desafio à identidade e à missão cristã que vem dessas experiências religiosas é por demais variado e complexo. Ele deve ser articulado em três grandes âmbitos: o do Oriente cristão, com suas especificidades e instâncias que dele partem para todo o ecúmeno do cristianismo; o do judaísmo, em que a fé cristã reconhece o testemunho vivo do povo da aliança jamais revogada com o Deus dos Pais; e o das outras religiões, referidas de modo diferente à teologia e à práxis dos crentes em Cristo. O contexto histórico-cultural da cristandade ortodoxa na Europa mostra-se nos últimos dois decênios muito semelhante ao da pós-modernidade ocidental, porquanto apresenta análogas crises de identidade e análogos processos de desagregação, ampliados, aliás, pela experiência direta do totalitarismo soviético e atravessados por fenômenos de despertar religioso ao mesmo tempo ambíguos e promissores.

As relações com o judaísmo situam-se nos vários contextos em que os cristãos encontram seus 'irmãos mais velhos', mas têm obviamente um particular significado em relação à terra dos Patriarcas, dos Profetas e de Jesus, infelizmente ainda atravessada por grandes tensões ligadas às dificuldades de desenvolvimento do processo de paz iniciado entre os Estado de Israel e os palestinos. A situação sociocultural do

Extremo Oriente e da Índia está ligada, de uma parte, à persistência das culturas tradicionais, de outra, aos chamados processos de modernização muitas vezes fortemente inspirados, se não até condicionados, pelo modelo ocidental, europeu e sobretudo norte-americano. A persistência dos mundos religiosos nessas culturas é um dado de fato, inclusive onde — como na China comunista — houve por décadas uma obra sistemática de propaganda ateísta, que parece hoje ceder lugar a uma tolerância não raramente instrumental e ambígua. O despertar religioso que se observa naquele país — reação à violência de fenômenos como a 'revolução cultural', cuja tragicidade e barbárie é admitida pelos próprios atuais representantes da via chinesa ao socialismo — constitui um desafio de imenso alcance não somente ao cristianismo, mas a todas as grandes religiões mundiais.

a) *O* **lumen** *oriental: a Ortodoxia*

Em 1995, foi publicada a carta apostólica de João Paulo II *Orientale lumen,* que reconhece a contribuição de que é devedor todo o ecúmeno cristão em relação às Igrejas do Oriente. O contributo que elas oferecem pode ser reconhecido numa série de elementos valiosos: o sentido e o cuidado profundo com a Tradição, entendida como transmissão viva da graça da revelação na Igreja sob a ação fiel e constante do Espírito Santo; a centralidade da liturgia, alimentada pelo Mistério proclamado na Palavra de Deus e fonte do Mistério vivido no testemunho da fé e da caridade; a forte sensibilidade pneumatológica pela qual a Pessoa divina do Paráclito, que se tornou em grande parte o 'divino Desconhecido" no Ocidente, permaneceu no centro da contemplação teológica e da experiência espiritual; o testemunho do monaquismo e a atitude apofática da reflexão e da práxis crente. Essas constantes caracterizam também os aspectos mais significativos da vida das Igrejas ortodoxas no século XX, embora tenha havido nele mudanças profundas de caráter histórico-político que determinaram — especialmente na Europa oriental — situações totalmente novas para a fé e a reflexão da Ortodoxia. A revolução de outubro de 1917 pôs a Igreja russa numa condição inédita de falta de poder e também de perseguição, que durou até 1989, quando a alterada realidade político-social dos países do Leste europeu determinou para ela e para as outras Igrejas autocéfalas dos países comunistas o não indiferente desafio de contribuir para o renascimento moral e espiritual dos próprios povos. Em ambos os casos a pergunta sobre a identidade e a missão da Ortodoxia se apresentou de maneira nova à teologia e à práxis dessas Igrejas. Além disso, a diáspora que se seguiu à revolução de outubro levou muitos crentes ortodoxos a um encontro jamais realizado antes de modo tão amplo e fecundo com a cultura do Ocidente, favorecendo, de uma parte, o nascimento de novos centros de pensamento teológico, como o Instituto São Sérgio, de Paris, e o Instituto São Vladimir, de Nova York e, de outra, o desenvolvimento do diálogo ecumênico moderno, para o qual a Ortodoxia contribuiu de modo ativo e crítico. Os desafios assim esboçados encontraram resposta em outros tantos esforços de reflexão e de elaboração teológica: a necessidade de reforçar o sentido da identidade ortodoxa para além do fim de sistemas de poder que pareciam guardá-la e defini-la de fora levou a descobrir o grande patrimônio da patrística. A síntese neopatrística, assim iniciada, teve testemunhas com raízes na Tradição, que, como G. Florovskij, identificaram originalmente — especialmente na reflexão dos Padres gregos — um modelo de teologia ao mesmo tempo fiel à identidade cristã e aberta a receber a mediação cultural da filosofia grega, que continua a deixar sua marca na cultura européia. Outros preferiram a essa retomada de 'helenismo cristão' um diálogo mais vivo com o pensamento moderno, especialmente o do idealismo alemão, sem renunciar, todavia, a se enraizar na grande tradição bíblico-patrística (assim S. Bulgakov, N. Berdiaev, P. Florenskij). Outros ainda tentaram a recuperação criativa da identidade ortodoxa pela via de uma teologia mística e icônica (assim Vl. Losskij, P. Evdokimov e, mais recentemente, também em diálogo com o pensamento de M. Heidegger, Ch. Yannaras). Os processos de mudança estimularam uma original reflexão eclesiológica, quer no sentido de valorizar a eclesiologia eucarística da Igreja local (N. Afanassieff e, em parte, também J. Meyendorff), quer no de reproduzir a eclesiologia universal de comunhão, radicada, todavia, na eucaristia e expressa na centralidade da figura do bispo (como no caso de Jean Zizioulas, que influenciou não pouco a reflexão ecumênica sobre a *koinōnía,* inclusive a de um católico da envergadura de Jean Tillard). Não faltou, por certo, uma difusa atitude de conservadorismo, sobretudo na Ortodoxia não diretamente tocada pela experiência dos regimes comunistas, como a grega, onde muitas vezes a própria teologia acadêmica se manteve na linha de um confessionalismo muito ligado estaticamente aos modelos da escolástica ortodoxa. A Ortodoxia se encontra, todavia, nesses últimos decênios do século, diante da prova de uma profunda reflexão sobre a própria identidade e a própria missão, não somente em relação às transformações históricas acenadas, mas também sob o impulso do diálogo ecumênico (cf. as contribuições de H. Alivizatos e N. Nissiotis): a mesma estrutura baseada na autonomia das Igrejas regionais (autocefalia) mostrou os seus pontos de fraqueza, pois parece ter exposto mais facilmente as comunidades dos crentes aos condicionamentos do poder político e de suas transformações. A preparação já multidecenal do Sínodo pan-ortodoxo, não realizado ainda, mostrou quão urgentes e vivas são as questões abertas nesse sentido, embora evidenciando os elementos de unidade, sobretudo litúrgica, espiritual e em parte cultural, que ligam entre si as Igrejas de tradição oriental. A tensão entre regionalização e globalização parece nesse sentido atingir também a Ortodoxia, de um modo que para ela se mostra totalmente inédito e que traça provavelmente a agenda dos desenvolvimentos futuros da reflexão e da práxis interna, mas também do diálogo ecumênico com as outras tradições cristãs e com os mundos religiosos não-cristãos.

b) *A 'santa raiz': a relação entre Israel e a Igreja*

No Oriente Médio, na Terra da promessa feita aos Pais, o judaísmo encontrou em nossos dias, depois de quase dois mil anos, a possibilidade de se exprimir na variedade e na plenitude de suas formas. Também por essa decisiva novidade, não só sob o estímulo trágico da meditação sobre os eventos da *Shoah* — a imensa catástrofe que estabeleceu de forma radical e inédita o questionamento sobre a relação entre o Deus bíblico e a dor de Seus filhos e acendeu uma nova sensibilidade a respeito das responsabilidades dos cristãos com referência ao anti-semitismo —, a relação entre a Igreja e Israel foi objeto nessas últimas décadas de uma ampla reflexão teológica que se intercortou com eventos de não pouca importância histórica (como, p. ex., a visita de João Paulo II à Sinagoga de Roma, em 13 de abril de 1986, ou o reconhecimento do Estado de Israel por parte da Santa Sé, em 1993). À tese da 'substituição', pela qual a Igreja realiza completamente o que em Israel estava apenas implícito e toma por isso seu lugar no desígnio divino da salvação, foi se opondo a tese da 'unicidade da aliança', segundo a qual a irrevogabilidade da eleição excluiria toda ruptura entre o antigo e o novo Pacto. O 'cisma' acontecido historicamente entre Igreja e Israel — causa não última de muitas formas de anti-semitismo na história do Ocidente — não seria então conforme à vontade divina. As duas comunidades deveriam desenvolver cada qual o próprio papel na comunhão recíproca sob o signo do único chamado divino: Israel como 'raiz', firme testemunha do mistério da eleição que separa e consagra, a Igreja como árvore, cujos ramos se estendem no tempo e no espaço. Jesus Cristo, segundo essa perspectiva teológica, seria o elo entre as duas comunidades: síntese da história de sofrimento do povo eleito na Sua paixão, fonte da missão voltada para o cumprimento da salvação universal na Sua ressurreição. "Torah feita carne" (J. Schoneveld), nEle o significado mais profundo da Lei ter-se-ia tornado transparente aos povos: viver na presença de Deus como autêntica imagem dEle. Essa reciprocidade profunda entre Igreja e Israel não deve, porém, obscurecer o elemento de diferenciação entre ambos. A diferença não deve certamente ser pensada de maneira discriminatória, mas na fidelidade à identidade espiritual das duas comunidades, como faz, por exemplo, o judeu G. Scholem: "O que o judaísmo pôs irrevogavelmente como termo da história, como o momento em que culminarão os eventos externos, tornou-se no cristianismo o centro da história, a qual se encontra então promovida ao título particular de 'história da salvação'"[15]. Trata-se de conceber numa única 'economia' salvífica a antiga e a nova Aliança, que, no entanto, continuam distintas: isso exclui todo dualismo de contraposição entre elas, como também toda lógica de substituição e requer uma perspectiva de efetiva complementaridade pela qual o Novo Testamento ilumine com nova luz o Antigo, mas esse último seja considerado indispensável para compreender verdadeiramente o Novo. Ou seja, o Pacto feito com Israel mantém o seu valor na história da salvação e não apenas não é ameaça ou empobrecimento, mas se torna riqueza indispensável para a Igreja que nele reconhece a sua "santa raiz" (cf. Rm 11,18) e a ele se refere, em sua permanente atualidade, como a um componente necessário da própria e mais profunda identidade espiritual. Por sua vez, sem anular o Antigo, o Novo Pacto continua uma oferta sempre atual da excelência de sentido presente em Jesus Cristo (cf., embora em seus diversos acentos, as

15. *Concetti fondamentali dell'ebraismo*, Marietti, Gênova 1986, 107s.

teses de C. Thoma, F. Mussner e, mais recentemente — confirmando a idéia da "aliança jamais revogada" —, a de N. Lohfink; sobre essa via da complementaridade/reciprocidade movia-se também o n. 4 da declaração *Nostra aetate*, do Concílio Vaticano II). O desafio aberto é o de marcar cada vez mais as relações históricas entre cristãos e judeus por essa consciência de unidade na distinção e na reciprocidade, no caminho de um diálogo de amizade e de cooperação que — na variedade dos contextos histórico-culturais — possa dar um testemunho comum da riqueza que a tradição bíblica judeu-cristã é capaz de oferecer a todos os povos. Um honesto e aprofundado reconhecimento das culpas cometidas, provocadas ou até apenas toleradas por eles contra Israel na história, é para todos os cristãos condição salutar de renovamento e de crescimento, capaz em primeiro lugar de melhor conformar a Igreja às intenções e à obra do judeu Jesus de Nazaré, Messias que veio reunir o Israel escatológico, sem por isso abolir a aliança eterna estabelecida com os Pais, cujo significado continua válido no desígnio da salvação, que para todos tende ao tempo da reconciliação final e do *shalom* universal realizado pela presença de Deus, tudo em todos (cf. Rm 9-11).

c) *O desafio das outras religiões: islamismo, religiões da Índia e do Extremo Oriente*

Da Índia e do Extremo Oriente chega até o cristianismo o desafio das grandes religiões históricas da Ásia: por conta especialmente dos fenômenos de imigração que ocorrem no Ocidente, acelerados nos últimos decênios, mas também pela aproximação das distâncias devida aos processos de globalização, esses mundos religiosos (hinduísmo, budismo, taoísmo, confucionismo, xintoísmo) não são mais hoje, para os cristãos, uma presença abstrata e distante, mas interpelam sua identidade e sua missão de maneira bastante imediata. O mesmo se pode dizer do islamismo, que com seu monoteísmo radical e a integralidade de suas formas questiona não pouco a fé e o testemunho cristãos. Também por força dessas urgências foi se desenvolvendo nos últimos anos o debate em torno da 'teologia das religiões': a interrogação que lhe está subjacente diz respeito à singularidade do Cristo em referência à salvação. São as outras religiões vias equivalentes ao cristianismo para aderir ao mistério da divindade e dela fazer a experiência salvífica? Se sim, com que objetivo é preciso haver compromisso com a missão a serviço do anúncio do Evangelho a todos os povos? Se não, que sentido e autenticidade tem o diálogo inter-religioso e que troca de riquezas espirituais é realmente possível entre mundos religiosos diversos? A pesquisa teológica que se desenvolveu em torno dessas interrogações, estimulada também por gestos emblemáticos como o encontro das religiões pela paz, em Assis, em 1986, movimenta-se entre dois extremos: de uma parte, o *exclusivismo*, pelo qual nenhuma religião fora do cristianismo salva (é K. Barth quem constitui o ponto de referência mais alto, no século XX, dessa posição); de outra parte, o *pluralismo* de caráter relativista, segundo o qual o cristianismo não é a única religião absoluta, porque o divino tem mais nomes e não se deixa encontrar apenas em Jesus Cristo (é, p. ex., a tese de J. Hick, presbiteriano). De modo positivo, a posição pluralista afirma que as religiões não têm somente valor supletivo, mas são diversas respostas humanas ao único Mistério divino que nos chama, segundo um modelo de interpretação da salvação não cristocêntrico, mas teocêntrico (como propõe, p. ex., P. Knitter, católico). Muitas dessas posições pluralistas reconhecem Jesus como o Cristo, mas se recusam a aceitar que a totalidade do Cristo esteja nele contida: a idéia do Cristo torna-se assim uma espécie de categoria teológico-salvífica universal, de que a revelação cristã não oferece senão um exemplo, ainda que seja o mais nobre (como sugere o católico de origem indiana P. Panikkar). Dá-se a essas teses um fundo hermenêutico a partir da consideração de que o pensamento asiático, especialmente o indiano, não se constrói sobre o princípio de não-contradição e, portanto, sobre a contraposição, mas sobre o ampliar-se hospitaleiro da identidade, que pode se exprimir, por isso, numa pluralidade de formas concretas. A conseqüente superação da linguagem teológica da unicidade seria, aliás, favorecida pela própria *kénosis* do divino em Cristo, que permitiria admitir outras vias de revelação histórica análogas à bíblica, como, por exemplo, as das tradições religiosas da Índia (cf. sobre esse aspecto hermenêutico e sobre sua importância teológica as posições do teólogo indiano F. Wilfred). Se a tese exclusivista pode ser considerada hoje geralmente abandonada, com exclusão de algum grupo ou autor mais integralista ou fundamentalista, a concepção pluralista é por muitos rejeitada, porque esvazia o significado da revelação histórica e da exigência da missão (cf. nesse sentido as teses expressas pela encíclica *Redemptoris missio*, de João Paulo II, de 1990, e o documento da Comissão Teológica Internacional, de 1996, sobre *O cristianismo e as religiões* [Edições Loyola, São Paulo 1997], que insiste na única mediação de Jesus Cristo, na universalidade da ação do Espírito e na Igreja como sacramento de salvação, embora reconhecendo o valor salvífico que possam ter as grandes religiões). Delineia-se assim a procura de uma interpretação da relação entre cristianismo e religiões segundo o *inclusivismo*: mantendo firme a necessidade do Cristo e da sua mediação, leva-se a sério a possibilidade universal da salvação[16]. Daí partem diversas tendências interpretativas: para alguns o cristianismo completa os valores das outras religiões, que são sinais de expectativa, mais do que mediações salvíficas (J. Daniélou, H. de Lubac, H. U. von Balthasar); para outros, deve-se reconhecer uma certa sacramentalidade das outras religiões (Y. Congar, E. Schillebeeckx); para outros, enfim, é determinante a distinção entre história geral e história especial da salvação, com base na qual as religiões têm o valor de uma mediação de transcendência, que, todavia, é realizada em plenitude somente no cristianismo (K. Rahner, H. R. Schlette). Fruto do *déplacement* sofrido pela teologia cristã por causa da prática do diálogo com as grandes religiões mundiais, a reflexão teológica sobre as religiões se mostra como um campo de pesquisa ainda aberto e não pouco problemático, inclusive pelas conseqüências que ela comporta no plano da relação entre proclamação da mensa-

16. Cf. a contribuição de J. DUPUIS, *Gesù Cristo incontro alle religioni*, Cittadella, Assis 1989, ou as pesquisas reunidas por G. D'COSTA em resposta às teses de J. Hick: *Christian Uniqueness Reconsidered: The Myth of a Pluralistic Theology of Religions*, Orbis, Maryknoll (NY) 1990.

gem e diálogo com mundos culturais e espirituais diferentes do cristianismo (significativo é nesse sentido o documento sobre *Diálogo e anúncio*, publicado em 1991 depois de uma difícil e longa elaboração pelos organismos do Vaticano que se ocupam da evangelização dos povos e do diálogo inter-religioso).

1.4. Perspectivas da 'globalização': os desafios e os processos de unidade

Se os fenômenos de 'regionalização' até aqui revisitados incidem sobre o cristianismo do final do século XX, ele não é menos influenciado pelo processo em vigor no plano mundial designado como 'globalização': ele tem um marcado caráter econômico-político, ligado aos interesses das grandes agências de poder que atuam em âmbito multinacional, mas apresenta também decisivos perfis sociais e culturais, pela tendência a homologar os comportamentos, dirigindo desejos e aspirações coletivas e individuais por consumos ou formas de consenso correspondentes aos investimentos. A transformação do planeta em 'aldeia global', acelerada enormemente pela experiência da realidade virtual proporcionada pelo universo da multimídia e especialmente da telemática, incide também sobre a esfera religiosa e espiritual. Fenômenos como a *New Age* ou 'Era de Aquário', de vastíssimo impacto sobretudo na cultura norte-americana e sul-americana, mas não desprezível também em outros contextos, parecem assumir a necessidade de garantia produzida pela aceleração das mudanças para responder a ela por meio de uma espécie de 'gnose' para o povo, em quem as subculturas produzidas pela dependência da telemídia encontram garantias psicológicas e consolações baratas, perfeitamente convenientes às finalidades das grandes agências de consenso econômico e político do planeta. As contradições da realidade efetiva da maior parte da humanidade são tais, todavia, que esse tipo de resposta não tarda a se mostrar às consciências mais vigilantes como mistificante e aleatório. Eis por que se torna urgentíssimo identificar quais são os grandes desafios não resolvidos pelos processos de globalização e como o cristianismo pode contribuir para construir, em relação a eles, uma humanidade mais justa e feliz, que seja mais conforme ao projeto divino de salvação, revelado em plenitude em Jesus Cristo.

a) *Os desafios da 'globalização': ecologia, justiça, ética*

A rede das relações em que a pessoa humana se encontra no crescente processo de 'globalização' abraça três esferas concêntricas. A primeira diz respeito à vasta casa do universo natural; a segunda, ao conjunto das relações históricas; a terceira, à da consciência de cada um. As três esferas são interdependentes, porque é óbvio que as opções exigidas pela primeira devem estar situadas na responsabilidade e na liberdade da terceira e esta, por sua vez, não pode ser exercida sem a relação do sujeito com outros sujeitos históricos e sem sua responsabilidade diante do mundo. Aliás, é justamente a 'globalização' que estimula o intercâmbio contínuo entre as várias esferas relacionais, pois provoca continuamente o indivíduo a se sentir parte do todo, expondo-o contemporaneamente ao risco de massificação, típico da 'aldeia global'. Configuram-se assim, os três grandes desafios com que a humanidade inteira, cada indivíduo e as comunidades são chamados a se confrontar nesses anos de crescente e invasora 'globalização': a ecologia, a justiça e a ética.

A 'crise ecológica' — hoje no centro de tantas denúncias e alarmes — consiste na perturbação induzida nos ritmos e nos equilíbrios naturais pela transformação acelerada a que eles são submetidos por causa do comportamento humano: "Transformações que antes aconteciam durante milhões de anos podem agora acontecer (pelo desequilíbrio introduzido) em poucas décadas, e as conseqüentes variações para os equilíbrios humanos e sociais corresponderão a uma aceleração de milhões de anos de história... Os tempos biológicos e os tempos históricos seguem ritmos diversos"[17]. As conseqüências dessa defasagem encontram-se nos efeitos devastadores que ela tem sobre a deterioração ambiental e sobre a reposição energética, que nos põem de sobreaviso a respeito dos cada vez mais evidentes "limites do desenvolvimento". O crescimento de complexidades do *homo sapiens* mostra-se assim inversamente proporcional à possibilidade de duração do ecossistema: a ameaça ecológica apresenta-se como a desforra do tempo biológico sobre o tempo histórico. A procura das razões da crise levou a evidenciar as mentalidades subjacentes aos comportamentos em relação à natureza: não faltou quem tenha visto na violência exercida

17. E. TIEZZI, *Tempi storici, tempi biologici*, Garzanti, Milão 1984, 62 [ed. br.: *Tempos históricos, tempos biológicos*, Studio Nobel, São Paulo 1988].

sobre os ritmos naturais um deletério efeito do antropocentrismo bíblico difundido pelo cristianismo (a denúncia foi feita em 1967 por Lynn White Jr. na revista *Science*, mas foi retomada por muitos: C. Amery, U. Krolzik, G. Liedke, E. Drewermann etc.). Ao mesmo tempo, essa provocação levou à descoberta da alma ecológica da fé cristã, verificável, aliás, em grandes testemunhos históricos (basta pensar no texto de Gn 2,15, que explicita em sentido positivo o domínio confiado ao homem em Gn 1,28, ou na 'guarda da criação' em Francisco de Assis, ou na *reverência* pelas criaturas exigida por Inácio de Loyola como expressão do amor ao Criador). Sinal desse despertar de responsabilidade e de espiritualidade ecológicas são, por exemplo, a Assembléia das Igrejas Européias em Basiléia, em 1989, a Assembléia Ecumênica Mundial realizada em Seul, em 1990, sobre justiça, paz e salvaguarda da criação, bem como a Sétima Assembléia do Conselho Mundial das Igrejas realizada em Canberra, em 1991, sobre o tema geral 'Renova toda a criação' (não poucas são também as contribuições teológicas sobre a teologia da criação, que preparam esse despertar: cf., p. ex., as de P. Gisel e J. Moltmann entre os evangélicos, ou de J. L. Ruiz de la Peña* e A. Ganoczy entre os católicos).

A questão social apresenta-se nos dois últimos decênios do século XX como caracterizada pela vastidão das relações que ela abarca: é hoje claro que a justiça em um único país depende estreitamente das situações de dependência econômica e política em que ele se encontra. A ordem econômica

---

* J. RUIZ DE LA PEÑA, *Teologia da criação*, Edições Loyola, São Paulo 1989.

internacional mostra-se cada vez mais como o único quadro de referência dentro do qual é possível realizar as mudanças decisivas para o destino não apenas de classes ou grupos sociais, mas de povos inteiros (como é evidente na questão da dívida internacional). De outra parte, o fim do sistema da divisão do mundo em dois blocos ideologicamente contrapostos não representou absolutamente o fim das situações de exploração ou de abandono dos países mais pobres do planeta. Pode-se até razoavelmente temer que a concentração do poder político mundial no único colosso americano possa produzir efeitos ainda mais devastadores, porque a ação em relação a cada uma da situações poderá ser regulada pelo único critério da conveniência do mais forte (p. ex., a diferença de momento oportuno e de meios entre a intervenção a favor do rico Kuwait e a realizada na Bósnia). Nesse quadro, a derrocada das ideologias que tinham veiculado as aspirações das classes oprimidas e dos povos explorados não deve fazer esquecer as legítimas urgências dos 'sem-voz' da terra. É por isso significativo que em seu mais alto nível de representação a Igreja Católica tenha intervindo em termos inequívocos sobre a atual forma como se apresenta a questão social: a *Sollicitudo rei socialis*, de 1988, e sobretudo a *Centesimus Annus*, de 1991, constituem uma reflexão ampla sobre as mudanças ocorridas especialmente nos últimos decênios do século no âmbito planetário e, enquanto denunciam o iníquo sistema de dependências que rege as relações especialmente entre o Norte e o Sul do mundo, propõem a urgência de identificar uma via econômico-política que supere tanto a rigidez do coletivismo e de seus fracassos históricos como os egoísmos míopes de um capitalismo absolutista e centralizador. As contribuições de estímulo crítico oferecidas pelas expressões da 'teologia da libertação' nos diversos contextos nos tornam, aliás, particularmente vigilantes em relação às escolhas planetárias e partir de suas recaídas em concretas situações históricas de sofrimento e de miséria.

Enfim, é o desafio ético que interpela a fé e a práxis dos cristãos em tempos de 'globalização': se a crise das ideologias produziu, especialmente no Ocidente, um vazio de motivações dos comportamentos em vista de um fim superior, o poder e a violência do desenvolvimento científico mais recente estabelecem em âmbito planetário problemas éticos até agora em grande parte inéditos no plano do respeito pela vida humana em todas as fases de seu desenvolvimento (das questões relativas à genética e ao aborto àquelas que atingem as opções éticas no campo da intervenção médica e às que dizem respeito à eutanásia). Também aqui a novidade dos últimos decênios está, de uma parte, na gravidade e na vastidão das questões em jogo praticamente em toda a parte da terra, de outra, na relativa centralização das soluções que vão se apresentando, ligada à unificação dos centros de poder científico, econômico e político que dominam o planeta. A própria possível vigilância da opinião pública é facilmente ludibriada ou manobrada pelas agências multimídia reunidas ou mesmo manipuladas por quem gere as escolhas nos campos da pesquisa e da produção. Se se pôs em prática um importante debate ético, que aborda as relações entre ética e política, ética e economia, ética e ciência, se a chamada 'bioética' se tornou disciplina central da reflexão teológicomoral (p. ex., somente na Itália as pesquisas de A. Bompiani, E. Sgreccia*, A. Spinsanti, D. Tettamanzi etc.), não há dúvida de que a questão decisiva diz respeito ao fundamento e à fundação da moral: existe um critério absoluto e objetivo com base no qual se possa discernir o que é bom e o que é mau? E, se não existe, basta o convencionalismo para fundamentar comportamentos eticamente lícitos e a longo prazo não alienantes para a existência humana pessoal e coletiva? Mas, se existe, como é possível aderir a ele? E que relação ele tem com a referência última e absoluta, a que se dá o nome de Deus, e com Sua revelação histórica? Se a chamada 'moral autônoma' parece procurar resposta a essas interrogações na racionalidade do sujeito humano (cf. as contribuições teológicas de A. Auer e S. Bastianel), a moral 'heterônoma' procura fora da subjetividade o fundamento e o critério da ética e o faz não apenas refletindo sobre a universal experiência religiosa (com não indiferentes riscos de "redução ao mínimo denominador comum", como parece estar na *Declaração para uma ética mundial* aprovada em 1993, em Chicago, pelo chamado Parlamento Mundial das Religiões**, que, paradoxalmente, poderia equivaler a "*etsi Deus non daretur*"), mas sobretudo repropondo a universalidade do específico cristão de Deus, que é amor, e a correspondência que ela tem na autotranscendência do espírito humano (nesse sentido, basta pensar na reproposta da 'verdade ética' e da sua força irradiante e libertadora, contida na

* E. SGRECCIA, *Manual de bioética*, vol. I: *Fundamentos e ética biomédica*; vol. III: *Aspectos médico-sociais*, Edições Loyola, São Paulo 1996-1997.

** A declaração está publicada em H. KÜNG, H. SCHMIDT, *Uma ética mundial e responsabilidades globais*, Edições Loyola, São Paulo 2001.

encíclica de João Paulo II *Veritatis splendor*, de 1993, e também na *Evangelium vitae*, de 1995, sobre o valor inviolável da vida humana). Pode-se prever que essas questões de fundamento serão nos próximos anos cada vez mais relevantes, inclusive para a resolução das urgentes problemáticas setoriais, que exigem horizontes não-arbitrários de referência.

b) *Os processos de unidade: teologia e espiritualidade; ecumenismo e catolicidade; compromisso com a justiça, a paz e a salvaguarda da criação*

Que vias e processos de unidade oferece o cristianismo deste início de século para responder aos desafios da atual 'globalização', sem se deixar capturar pelas lógicas do poder que presidem a interconexão crescente do planeta? Como conclusão das reflexões propostas, algumas pistas se deixam identificar como possíveis de ser percorridas pela fé e pela teologia cristã, preocupadas por se situar com responsabilidade nos desenvolvimentos da 'globalização': em primeiro lugar, a vida da teologia e da espiritualidade; depois, a do ecumenismo e da catolicidade; enfim, o compromisso evangélico da caridade a serviço da justiça, da paz e da salvaguarda da criação.

A via da *teologia* e da *espiritualidade* corresponde ao primado da fé na existência cristã. Se a modernidade, caracterizada pela ambição de impor a tudo a *ordre de la raison*, tinha separado, se não mesmo contraposto, o momento racional e o momento experiencial na vida do crente, produzindo o divórcio entre a teologia e a espiritualidade que tornara a teologia muito árida e intelectualizada e a espiritualidade por demais sentimental e intimista, mostra-se como urgência inevitável da época pós-moderna a de ligar novamente esses dois âmbitos. A razão disso pode ser facilmente intuída: se a teologia pretende impor um horizonte global de sentido sem com isso cair na armadilha ideológica, deverá se referir continuamente à singularidade do verdadeiro oferecida pela revelação e à consistência da experiência cristã, testemunhada na vivência e transmitida na tradição viva da fé eclesial. Somente com essa condição o 'sistema' teológico continuará aberto à profusão da vida e às surpresas da relação com o Deus vivo. Isso explica o amplo recurso desses últimos decênios à narração e ao testemunho em teologia, mas também a renovação bíblica e teológica que se difundiu no âmbito da experiência espiritual dos crentes (com uma variedade de métodos e de aproximações críticas e existenciais significativamente analisada pela Pontifícia Comissão Bíblica no documento de 1993 sobre *A interpretação da Bíblia na Igreja**, bem aceita por sua abertura de horizontes tanto pelos encarregados dos trabalhos como no nível pastoral). Temos hoje consciência, no nível da consciência crítica da fé, que uma teologia sem espiritualidade pode acabar vazia, ao passo que uma espiritualidade sem teologia corre o risco de ser cega. Nessa mesma linha, percebe-se a urgência de um mais vivo enraizamento do teólogo na vida da Igreja, entendida ao mesmo tempo como seu lugar hermenêutico originário e como destinatária prioritária de seu serviço de reflexão crítica (lembremos a Instrução da Congregação para

* Edições Loyola, São Paulo 1994.

a Doutrina da Fé sobre *A vocação eclesial do teólogo,* de 1990). Mas não é somente na teoria e na prática cristãs que se foi redescobrindo a união entre reflexão e experiência vivida: mostrou-se até cada vez mais claro no cadinho da crise das ideologias que a alternativa não-ideológica da fé está precisamente na possibilidade de testemunhar uma relação com a Verdade alimentada na escuta e no diálogo com o Outro, a partir da oração como condição de sermos recebidos no mistério de Deus. De uma parte, a Verdade da teologia manifesta-se mais precisamente não como algo que se possui, mas como Alguém por quem deixar-se possuir na obediência da fé e na adoração (de maneira, portanto, mais correspondente à idéia bíblica de *'hemet,* ou de 'verdade' entendida como 'fidelidade' e, portanto, verdade dual, pactícia e não monística, necessitante e violenta); de outra parte, a oração se deixa descobrir na sua especificidade cristão-trinitária como experiência do orar *em* Deus, mais que do orar *a um* Deus indistinto e, portanto, como oração dirigida pelo Filho no Espírito ao Pai, aberta ao acolhimento do dom que vem do alto, do Pai, pelo Cristo Jesus no mesmo Espírito. Longe de se apresentar como fuga do mundo, segundo a crítica em voga nos anos da ideologia rampante, a dimensão contemplativa da vida na sua especificidade trinitária cristã (tirada da idéia paulina do estar "escondida com Cristo em Deus": Cl 3,3,) parece se oferecer como reserva de integralidade humana e de autêntica socialidade. Uma certa retomada das vocações ao sacerdócio e à vida religiosa no mundo (depois dos anos da crise, marcados por uma forte queda e também por muitas deserções), a crescente consciência da identidade espiritual e da missão dos leigos cristãos (atestada pelo Sínodo dos Bispos a eles dedicado, cujos resultados estão reunidos na exortação *Christifideles laici*, de 1989), a difusão de novos movimentos de espiritualidade, que teve uma amplidão e uma rapidez impressionantes nestes decênios (basta pensar no desenvolvimento dos que surgiram antes do Concílio, como a Opus Dei e os Focolarinos, mas também na expansão dos que se difundiram depois do Vaticano II, como o Caminho Neocatecumenal, os grupos carismático-pentecostais e a Renovação Carismática, ou Comunhão e Libertação), e a propagação de novas experiências da 'mistagogia' cristã, que têm muita aceitação inclusive entre os 'tépidos' ou 'afastados' (p. ex., as contribuições do cardeal C. M. Martini sobre a *lectio divina* dos textos bíblicos, utilizados nas mais diversas traduções em todo o mundo) constituem outras tantas provas existenciais dessa nova situação. Também com base nessas considerações, pode-se supor que o futuro do cristianismo ou será mais marcadamente espiritual e místico e, portanto, rico de experiências do Mistério divino e de reflexões feitas a partir delas, ou poderá contribuir bem pouco para a crise e a mudança que acontece no mundo. Há quem tenha se aventurado a afirmar que "o cristão do futuro ou será um místico ou não será cristão"[18], querendo ressaltar com isso que a retomada da questão de Deus e da procura de Sua face nesses anos de início de século não é nada efêmera, mas marca uma linha de tendência decisiva e duradoura, para a qual os crentes não deverão economizar o próprio empenho de fé e de entendimento.

---

18. K. RAHNER, *Sollecitudine per la Chiesa. Nuovi Saggi*, VIII, Paoline, Roma 1982, 449.

O caminho do *ecumenismo* e da *catolicidade* corresponde à nostalgia de unidade que, ainda que em forma ambígua e complexa, se apresenta nos processos de 'globalização': se o ecumenismo moderno nasce nos inícios do século XX da experiência do escândalo de anunciar separadamente o Evangelho da reconciliação nos países de missão (Conferência das Sociedades Missionárias Protestantes em Edimburgo, em 1910), a instância de reconciliação entre os cristãos torna-se hoje mais urgente do que os processos de descristianização do Ocidente e do que a necessidade de uma nova evangelização, que fazem reconhecer como campo nada secundário de ação missionária justamente os países de antiga cristandade. Em particular, é na Europa — berço das divisões entre os cristãos — que a desagregação que se seguiu à queda do muro de Berlim e à emergência violenta dos regionalismos e dos nacionalismos desafia as Igrejas a se posicionarem como sinal e instrumento de reconciliação entre si e a serviço de seus povos (lembremos a segunda Assembléia Ecumênica Européia, realizada em Graz, em 1997, sobre o tema da reconciliação hoje na Europa e, antes ainda, o Sínodo dos Bispos sobre a Europa, de 1991, e o trabalho conjunto das Conferências das Igrejas Européias e do Conselho dos Bispos Católicos da Europa, com várias Assembléias, entre as quais as de Erfurt e de Santiago de Compostela, respectivamente antes e depois da queda do muro de Berlim). No plano teológico, é significativo como a reflexão ecumênica, depois de ter dedicado uma atenção privilegiada às formas sacramentais de fundação da comunidade (cf. o Documento aprovado pela Fé e Constituição em Lima, em 1982, sobre *Batismo, eucaristia e mi-*

nistério, fruto da firme paixão ecumênica e da competência sobretudo do teólogo M. Thurian), vai se concentrando agora no tema da *koinōnía*, que exprime não somente uma exigência de reflexão eclesiológica em relação à estrutura e à vida interna das Igrejas, mas também uma atenção ao desafio que a necessidade de unidade, que emerge das novas divisões, lança às comunidades cristãs (p. ex., a quinta Conferência Mundial de Fé e Constituição, realizada em Santiago de Compostela, em 1993, e a importância que nela teve justamente o tema da *koinōnía*, destinado presumivelmente a ocupar por muito tempo ainda a agenda da pesquisa teológica ecumênica). Nesse contexto, emerge uma nova e difusa atenção à 'catolicidade', entendida seja segundo o seu significado de universalismo geográfico, que se tornou mais que nunca atual justamente pelos processos de 'globalização' do planeta, seja segundo o sentido de plenitude e totalidade, que remete à integralidade da fé e da atualização da memória do Cristo. Se no campo da teologia missionária o tema da catolicidade abre espaço tanto no âmbito católico como no evangélico (p. ex., as obras de H. Bürkle, S. Dianich, A. Seumois), é significativo que em âmbito ecumênico se dedique uma nova atenção à reflexão sobre o ministério de unidade universal na Igreja (p. ex., o documento do Grupo misto de Dombes sobre *O mistério de comunhão na Igreja universal*, de 1985, e a Encíclica *Ut unum sint*, de 1995, mas também os trabalhos eclesiológicos de cada teólogo, como, p. ex., J. Tillard). Certamente uma contribuição notável para a descoberta da catolicidade como exigência e condição da missão cristã vem do papa dessa virada de século, João Paulo II: seu pontificado, caracterizado por um vasto e itinerante ministério apostólico, evidenciou, de uma parte, a riqueza da 'regionalização' da Igreja e confirmou com veemência, de outra, as exigências da unidade doutrinal e pastoral no plano universal (basta pensar no monumental empreendimento do *Catecismo da Igreja Católica*, promulgado em 1992 e entendido como *punctum referentiae* para o magistério e a catequese de todas as Igrejas particulares*). A importância dessa ação ficou clara em alguns emblemáticos processos de mudança histórico-política, como a da crise dos regimes do assim chamado 'socialismo real', mas deve ser considerada sobretudo na sua especificidade espiritual de reproposição do Evangelho como mensagem de vida e de salvação tanto para cada uma das situações culturais como para o crescimento na unidade e na paz de toda a família humana. Caminha nessa direção a indicação do Jubileu do ano 2000, proposto como um itinerário de conversão e de renovação para todos os crentes chamados como indivíduos e como Igreja a lembrar os dons de Deus, mas também a reconhecer as próprias culpas, pessoais e coletivas, e a refletir sobre a própria identidade e a própria missão centradas no mistério trinitário diante dos desafios no novo milênio cristão, especialmente em chave ecumênica e na ótica do diálogo inter-religioso (cf. a *Tertio millennio adveniente*, de 1994). A exigência intensamente reemergente da catolicidade não tem, enfim, nada de triunfalista, mas se une a uma mais viva consciência da necessidade de renovação e de conversão da própria Igreja: "Reconhecer as quedas de ontem é ato de lealdade e de coragem que nos ajuda a reforçar a nossa fé" (ibid., n. 33).

---

* Edições Loyola, São Paulo 2002.

Enfim, o testemunho evangélico da caridade no *compromisso com a justiça, a paz e a salvaguarda da criação* apresenta-se como o terceiro grande campo de ação para o cristianismo do final do século: já se disse que os desafios da justiça social estão hoje vinculados aos das relações internacionais de dependência e à questão ecológica. Essa íntima ligação mostra-se com grande clareza quando se consideram os processos em vigor na ótica da 'globalização', superando visões regionalistas, às vezes por demais fechadas: o cristianismo, religião universal difundida nos mais diversos contextos históricos e culturais, apresenta-se aqui como sujeito privilegiado para manter alerta uma consciência atenta em defender a qualidade da vida para todos e capaz de se fazer voz especialmente de quem não tem voz e de enfrentar, com a força de um impacto moral e espiritual de grande alcance, as lógicas que forem exclusivas e egoísticas das grandes agências de poder econômico e político no plano mundial. Por certo, os crentes não devem contar com outros meios senão com os de seu testemunho e da vitalidade de sua fé e operosidade evangélica; todavia, o patrimônio espiritual que se exprime de maneira densa e concreta na vastíssima rede de obras de voluntariado e de solidariedade que as Igrejas souberam exprimir com incansável criatividade diante das mais diversas necessidades humanas, mesmo em nosso tempo de mudanças rápidas e muitas vezes dramáticas (pensemos na ação da Caritas no plano internacional e em cada país, bem como nas intervenções coordenadas pelo Conselho Mundial das Igrejas ou nas do organismo pontifício Justitia et Pax), constitui ao mesmo tempo uma contribuição, uma proposta e um desafio a toda a humanidade para a edificação de uma 'aldeia global' que esteja mais à altura do homem, mais preocupada em relação à justiça e mais desinteressada e generosa no serviço em favor da paz e de comportamentos ecologicamente responsáveis. De cada uma das frentes de compromisso (como o da recuperação da dependência da droga, ou o da ação humanitária em favor dos fugitivos e dos refugiados, ou o da contribuição para os diálogos de reconciliação) às perspectivas globais de cooperação entre os povos, as culturas e os próprios mundos religiosos diferentes, a missão dos cristãos não se apresenta fácil nem restrita. A articulação das legítimas exigências da 'regionalização' com as não menos urgentes da 'globalização' segundo a lógica da caridade evangélica é em particular uma linha de compromisso que hoje se exige da presença cristã, difundida por toda a parte. Os crentes em Cristo, por certo, não poderão enfrentar sozinhos esses grandes desafios: o compromisso comum com as outras comunidades religiosas e com todos os homens e mulheres "de boa vontade" mostra-se condição indispensável da ação a ser desenvolvida. Mas talvez hoje os cristãos estejam prontos, mais que os outros, e certamente mais que no seu próprio passado, a viver esse serviço ao mesmo tempo universal e local, para que a boa nova em que acreditam atinja os confins da terra e não falte a toda pessoa humana o serviço de uma fé e de uma caridade respeitosas e desinteressadas, vividas no seguimento do Deus crucificado.

BIBLIOGRAFIA

ALBERIGO G.-JOSSUA J. P. (ed.), *La réception de Vatican II*, Cerf, Paris 1985.

BETTSCHEIDER H. (ed.), *Das Problem einer afrikanischer Theologie*, Steyler, St. Augustin 1978.

BLASER K. *Les théologies nord-américaines*, Labor et Fides, Genebra 1995.

CIOLA N. *La crisi del teocentrismo trinitario nel Novecento teologico. Il tema nel contesto emblematico della secolarizzazione*, Dehoniane, Roma 1993.

COLOMBO G. *La teologia italiana: Materiali e prospettive (1950-1993)*, Glossa, Milão 1995.

CONE J. H.-WILMORE G. S. (ed.), *Black Theology: A Documentary History*, vol. I: 1966-1979; vol. II: 1980-1992, Orbis, Maryknoll (NY) 1993².

FERN D. W. *Contemporary American Theologies: A Critical Survey*, Harper & Row, San Francisco-New York-Grand Rapids 1990.

FORTE B. *Simbolica Ecclesiale*, 8 vols., San Paolo, Cinisello Balsamo (Mi) 1981-1996.

GIBELLINI R. *A teologia do século* XX, Edições Loyola, São Paulo 2002².

GRENZ S. J.-OLSON R. E. *20th Century Theology: God and the World in a Transitional Age*, InterVarsity, Downers Grove (IL) 1992.

GUASCO M.-GUERRIERO E.-TRANIELLO F. (ed.), *La Chiesa del Vaticano II (1958-1978)* (Storia della Chiesa, 25), San Paolo, Cinisello Balsamo (Mi) 1994.

HASTINGS A. (ed.), *Modern Catholicism: Vatican II and After*, SPCK — Oxford Un. Press, Londres-Nova York 1991.

HUNT M.-GIBELLINI R. (ed.), *La sfida del femminismo alla teologia*, Queriniana, Brescia 1980.

LADRIÈRE P.-LUNEAU R. (ed.), *Le retour des certitudes. Événements et orthodoxie depuis Vatican II*, Le Centurion, Paris 1987.

LATOURELLE R. (ed.), *Vaticano II, bilancio e prospettive venticinque anni dopo (1962-1987)*, 2 vols., Cittadella, Assis-Roma 1987.

LIBANIO J. B.-ANTONIAZZI E. (eds.), *Vinte anos de teologia na América Latina e no Brasil*, Vozes, Petrópolis 1994.

LUNEAU R.-MICHEL P. (ed.), *Tous les chemins ne mènent plus à Rome: Les mutations actuelles du catholicisme*, Albin Michel, Paris 1995.

LUNEN M.-TH. VAN-GIBELLINI R. (ed.), *Mulher e teologia*, Edições Loyola, São Paulo 1992.

PAWLIKOWSKI J.T. "Judentum und Christentum", in *Theologische Realenzyklopädie* XVII, 3-4, Berlin-New York 1988, 386-404.

PESCE M. *Il cristianesimo e la sua radice ebraica. Con una raccolta di testi sul dialogo ebraico-cristiano*, EDB, Bolonha 1994.

PESCH O. H. *Das Zweite Vatikanische Konzil. Vorgeschichte-Verlauf-Ergebnisse-Nachgeschichte*, Echter, Würzburg 1993.

POTTMEYER H. J. (ed.), *Die Rezeption des Zweiten Vatikanischen Konzils*, Patmos, Düsseldorf 1986.

POULAT E. *L'ère postchrétienne: Un monde sorti de Dieu*, Flammarion [Paris] 1994.

RENDTORFF T. (ed.), *Europäische Theologie. Versuche einer Ortsbestimmung*, Mdin, Gütersloh 1980.

SESTIERI L.-CERETI G. *Le Chiese cristiane e l'ebraismo 1947-1983*, Piemme, Casale Monferrato (Al) 1983.

SIMONE M. (ed.), *Il Concilio vent'anni dopo. I. Le nuove categorie di autocomprensione della Chiesa*, AVE, Roma 1984.

STRECKER G. (ed.), *Theologie im 20. Jahrhundert. Stand und Aufgaben*, Mohr, Tübingen 1983.

WILFRED F. *Beyond Settled Foundations. The Journey of Indian Theology*, Univ. of Madras [Madras] 1993.

WINLING R. *La théologie contemporaine (1945-1980)*, Le Centurion, Paris 1983.

2

A 'recepção' do Vaticano II

2.1. Vaticano II: o 'Concílio da história'

O Vaticano II foi definido como "o Concílio da Igreja" pelo interesse de fundo que o anima e pela arquitetura que o sustenta, articulada em torno de duas perguntas fundamentais, que se referem, respectivamente, ao ser e ao agir eclesiais: "O que é a Igreja? O que faz a Igreja? São elas como que dois eixos em torno dos quais devem se dispor todas as questões deste Concílio"[1]. A mensagem conciliar acolhe, assim, as instâncias da 'renovação eclesiológica' que tinha preparado a primavera do Concílio: elas tendiam a descobrir a

1. Intervenção do card. J. B. Montini: *Acta Synodalia* I, IV, 292. Cf. também a intervenção do Card. L. J. Suenens na 33ª Congregação Geral, dia 4 de dezembro de 1962: *Acta Synodalia* I, IV, 223: "O Concílio seja um Concílio '*de Ecclesia*' e se articule em duas partes: *de Ecclesia ad intra — de Ecclesia ad extra*". As constituições *Lumen gentium* e *Gaudium et spes* — dedicadas respectivamente à reflexão '*de Ecclesia*' e à reflexão sobre a Igreja no mundo contemporâneo — constituem as duas colunas-mestras dessa arquitetura.

dimensão interior e sobrenatural da Igreja (p. ex., a idéia de 'Corpo místico') para além da exacerbada acentuação dos aspectos visíveis, jurídicos e institucionais que caracteriza a eclesiologia da Contra-reforma. A renovada atenção à categoria bíblica de 'povo de Deus' tinha, aliás, permitido valorizar a dimensão histórica da Igreja, seu estar 'entre os tempos', entre sua origem das missões divinas do Filho e do Espírito e seu cumprimento na glória do Deus tudo em todos. Tirando proveito dessas fontes, o Vaticano II restitui à eclesiologia católica a consciência da referência originária e constitutiva à Trindade, juntamente com a consciência de que o povo de Deus é peregrino na história, a caminho do *éschaton*[2].

Precisamente graças a essa descoberta da inseparabilidade entre a profundidade da origem do alto e a consistência das realizações históricas do ser eclesial, o Vaticano II — Concílio da Igreja — foi, todavia, o *Concílio da história*[3]. Pode-se facilmente notar isso nos três níveis, unidos às três dimensões da consciência histórica, segundo os quais a reflexão conciliar sobre a Igreja se desenvolve: em relação ao passado, atua-

2. A renovada consciência da relação entre a Igreja e a sua origem trinitária é tirada pelo Concílio antes de mais nada da escola da liturgia, onde a Trindade e a história se encontram: a constituição *Sacrosanctum Concilium* foi o primeiro documento a ser aprovado e promulgado (4 de dezembro de 1965), justamente porque se oferecia como o fruto maduro de mais de meio século de história do movimento litúrgico. Cf. C. VAGAGGINI, "Idee fondamentali della Costituzione", in *La Sacra Liturgia rinnovata dal Concilio*, org. G. Baraúna, LDC, Turim-Leumann 1965[2], 99.

3. Cf. *Il Concilio venti anni dopo. L'ingresso della categoria 'storia'*, org. E. Cattaneo, AVE, Roma 1985, bem como o livro *Teologia e storia*, org. B. Forte, D'Auria, Nápoles 1992.

lizado na memória viva da fé; em relação ao presente, chamado a se construir na comunhão da caridade; em relação ao futuro, captado no horizonte da esperança aberta pela promessa de Deus.

Em primeiro lugar, o Vaticano II se apresenta como Concílio da história, pois se põe à escuta do passado em que nasceram a fé e sua transmissão no tempo. Com a Constituição sobre a divina revelação *Dei Verbum*, o Concílio promove uma renovada consciência do primado da Palavra de Deus sobre a Igreja e sobre a existência dos crentes, oferecendo ao mesmo tempo a mais incisiva contribuição que a reflexão magisterial já dera ao problema da mediação histórica da revelação. A passagem da doutrina das duas fontes, Escritura e Tradição, para a da única "*traditio Verbi ex fide in fidem*", que tem seu momento normativo na Palavra registrada no texto sagrado, mas que vive em permanente novidade de relato e de interpretação sob a ação do Espírito Santo no tempo, une o presente da fé à sua origem constitutiva, incorporando o processo da transmissão histórica na memória viva da Palavra de revelação. Desse modo, a Escritura inspirada se mostra não como um dado morto, mas como "poder de Deus para a salvação de todo aquele que crê" (Rm 1,16), força que age na dinâmica das mediações da história, que deve ser abordada com uma atenta hermenêutica histórica para a atualizar no hoje. A esse processo de aceitação do Verbo da vida, alimentado ao mesmo tempo de escuta crente e de rigor crítico, deu o Concílio novo impulso, que não tardou a produzir os seus frutos: basta pensar no enorme esforço de tradução e de difusão do texto bíblico na Igreja pós-conciliar e no grande canteiro da exegese e da teologia bíblica a serviço do povo de Deus. É uma comunidade de cristãos adultos e responsáveis, formados na obediência à Palavra da vida, a mesma que o Concílio quis promover: é a Igreja *"sub Verbo Dei"*, *"creatura Verbi"*, que o Sínodo extraordinário, vinte anos depois do Concílio (1985), pôs em primeiro plano.

Em segundo lugar, o Vaticano II se apresenta como o Concílio da história pela vigorosa atenção ao presente, àquele 'intervalo' da salvação, que ele descobre em toda a dignidade de seu estar entre o 'já' da primeira vinda de Cristo e o 'ainda não' de seu retorno: a consciência do hoje inspira a instância pastoral que fundamenta tudo o que o Concílio quis ser e foi, a serviço da identidade e da missão da Igreja "no mundo contemporâneo" (segundo o que afirma o título da constituição pastoral *Gaudium et spes*, preferido ao outro, *"de Ecclesia et mundo hujus temporis"*, que acentuava mais o dualismo Igreja-mundo do que o diálogo e a presença fecunda). Todavia, justamente porque conexas às urgências dos tempos, as aquisições conciliares exigem ser continuamente repensadas, não para frustrar sua mensagem numa mortificante insegurança, mas para atualizá-la e desenvolvê-la em suas potencialidades mais profundas, para apontar seus limites (p. ex., uma certa carência pneumatológica na constituição sobre a Igreja, em que a teologia dos carismas é apenas delineada, ou a quase total ausência do valor da Cruz e da tragicidade do pecado na constituição sobre a Igreja no mundo contemporâneo) e para traçar suas possíveis superações. Sob esse perfil, o Concílio se mostra como um início, mais que como um cumprimento, e o processo de tradução de seu magistério na prática pastoral da Igreja se oferece como um itinerário concreto de um 'acolhimento' em que a sua mensagem passa para a vida do povo de Deus e dela se enriquece e por ela é reexpressa. O nascer e o desenvolver-se de novas experiências e de novas reflexões críticas da fé são, nessa perspectiva, autêntico fruto do Concílio: as várias formas de 'teologia situada' — nascidas como consciência reflexa do povo dos crentes nas diversas situações histórico-culturais — são desenvolvimento coerente da herança do Vaticano II. Certamente esse processo não aconteceu sem dificuldades nem esteve isento de limites: a questão decisiva que estabelece é a da comunhão e da comunicação da fé, ou seja, da possibilidade de manter vínculos reais de unidade e de recíproco entendimento entre teologias e práxis cristãs diversamente contextualizadas.

Enfim, o Concílio se apresenta como Concílio da história porque descobre a índole escatológica do povo de Deus como dimensão constitutiva e qualificadora de toda a sua existência (cf. o capítulo VII da *Lumen gentium*): o futuro da promessa atinge a Igreja em todas as suas fibras, como "a aurora do novo dia esperado que deixa suas cores em todas as coisas" (J. Moltmann). Também aqui a aceitação do Concílio está longe de ser completa: ela implica não apenas a tarefa de permanente *aggiornamento* e de contínua reforma da comunidade eclesial, mas também o ímpeto missionário de todo o povo de Deus e a abertura ecumênica. Percebe-se cada vez mais que a fidelidade ao Concílio exige uma mais viva responsabilidade da pesquisa teológica em relação à vida da comunidade eclesial e da sua missão a serviço do Evangelho. O esforço de renovação inspirou em todos os níveis e de todas as formas — da codificação canônica às grandes escolhas pastorais e aos caminhos pessoais — o caminho da Igreja nesses anos: a teologia certamente não esteve ausente desses processos, mas a via a ser percorrida não está nada concluída! A crescente consciência missionária até provoca incessantemente os crentes a "sair fora do acampamento" (cf. Hb 13,13), pondo em crise pastorais apenas ritualistas, fronteiras muito apertadas, para promover uma nova relação com os 'afastados' e uma nova cooperação entre as Igrejas no plano da missão. O ecumenismo, aliás, que viu crescer o consenso teológico sobre alguns pontos decisivos (especialmente a respeito do batismo e da eucaristia), vive novas resistências e novos cansaços, embora conhecendo um crescimento do testemunho comum dos cristãos em não poucos campos e em não poucos lugares. As dificuldades e as lacerações que permanecem não podem ser razão de renúncia ou de desilusão: elas requerem até uma mais profunda aceitação da profecia conciliar por parte do povo crente, porque o caminho para a unidade que Cristo deseja é exigência irrenunciável e compromisso prioritário do ser e do agir eclesiais. Ancorar no futuro prometido o presente da Igreja a caminho no tempo significa aceitar em profundidade as escolhas que o Vaticano II iniciou, reconhecendo no *éschaton* o horizonte último, que impede aos crentes sentirem-se chegados e cederem a qualquer falso 'êxtase do cumprimento'.

2.2. A *QUAESTIO DE VERITATE*: A RELAÇÃO ENTRE VERDADE E HISTÓRIA

Concílio da história, o Vaticano II deu início, pois, a uma 'história do Concílio', um itinerário de recepção por meio do qual a promessa que ecoou no evento conciliar tome corpo na vida das pessoas. Avaliando-a sob o perfil da pesquisa teológica, essa recepção caracteriza-se por uma questão fundamental, inevitavelmente relacionada com a assunção da história na autoconsciência da fé, operada pelo Concílio: a questão da relação entre verdade e história. As perguntas em que ela se articula poderiam ser assim formuladas: como a verdade se relaciona com a história? como a transcende? e — se a transcende — não haverá risco de que em seu comunicar-se pela revelação se reduza ao horizonte da linguagem em que entra? E, se não há nenhuma transcendência da verdade, como faz ela para se propor como horizonte de sentido e critério estável de referência e de medida com relação aos comportamentos humanos e às escolhas da fé?

Esse conjunto de interrogações atinge a teologia em seus fundamentos e na multiplicidade de seus êxitos, pois a teologia tem a ver com a verdade não *per accidens*, mas de maneira originária e constitutiva, pois se põe como consciência crítica da existência redimida a partir da revelação, em que a Verdade divina se fez presente em eventos e palavras da nossa história e da nossa linguagem. O Concílio certamente não negligenciou esse estatuto epistemológico do pensamento da fé: todavia, justamente ao remeter a teologia às suas fontes bíblicas e ao inseri-la no caminho da Tradição viva, o Vaticano II a uniu também aos grandes desafios culturais e espirituais da época moderna, marcadas pelo nascimento e pelo desenvolvimento da chamada 'consciência histórica'. Surgir a teologia da história — como qualquer pensamento humano — é por isso uma constatação que entra com naturalidade nas aquisições conciliares, a partir da pressuposição — própria de toda hermenêutica — em razão da qual "não é a história que nos pertence, mas somos nós que pertencemos à história"[4]. Por isso o método do trabalho teológico proposto pelo Vaticano II se apresenta como uma revisitação das etapas e dos momentos do pensamento cristão, realizada de maneira não indiferenciada, mas atenta a fazer distinção entre o valor fundamental da *norma normans* da revelação e a *norma normata*, representada pelas expressões por vários títulos autorizadas da autoconsciência da fé no tempo[5].

Já essa distinção, baseada no reconhecimento das normas da Sagrada Escritura como alma de toda a teologia, mostra que a historicidade própria da pesquisa teológica não é apenas o reflexo não-eliminável da estrutura de êxodo da condição humana, mas também e especificamente o resultado do encontro, realizado no mistério do Verbo encarnado, entre o êxodo da condição humana e o advento não-deduzível e gratuito do Deus vivo. A teologia que se desenvolveu com a

4. H. G. GADAMER, *Verità e metodo*, Bompiani, Milão 1985[2], 324 [ed. br.: *Verdade e método — Traços fundamentais de uma hermenêutica filosófica*, Vozes, Petrópolis 2001].

5. Cf. CONCÍLIO VATICANO II, *Optatum totius*, 16: "No ensinamento da teologia dogmática, sejam propostos antes os próprios temas bíblicos; ilustre-se depois aos alunos a contribuição dos Padres da Igreja oriental e ocidental na fiel transmissão e definição de cada uma das verdades reveladas, bem como a ulterior história do dogma, considerando também as relações dela com a história geral da Igreja. Além disso, para ilustrar integralmente o quanto possível os mistérios da salvação, os alunos aprendam a aprofundá-los e a ver seu nexo por meio da especulação, tendo Santo Tomás como mestre".

aceitação do Vaticano II caracteriza-se, pois, por sua peculiar historicidade: carregada de práxis, levada à reflexão na companhia da vida e da fé, ela se propõe ao mesmo tempo como momento reflexo e crítico à luz da revelação como "teoria crítica da práxis cristã e eclesial"[6]. Como consciência do presente e memória do Eterno que entrou no tempo, *docta caritas* e *docta fides*, essa teologia se faz profecia, *docta spes*, consciência evangelicamente crítica, que a Igreja tem de si em seu peregrinar deste mundo ao Pai, *theologia viatorum*[7].

A pesquisa teológica assim concebida está vitalmente interessada na questão da verdade: como afirma o Concílio, ela deve se aplicar "em buscar a solução dos problemas humanos à luz da revelação, em aplicar as verdade eternas à mutável condição deste mundo e comunicá-las de modo apropriado aos homens contemporâneos"[8]. A história é assumida como o lugar da mediação hermenêutica da verdade, não como a verdade mesma em seu fazer-se; se a verdade se resolvesse na história, o que viria a triunfar seria um relativismo totalmente incapaz de garantir a abertura do devir histórico às surpresas da Transcendência e de Seu advento na revelação, como

6. W. KASPER, "La funzione della teologia nella Chiesa", in *L'avvenire della Chiesa. Il libro del Congresso di Bruxelles,* Queriniana, Brescia 1970, 72. Cf. também ID., *Per un rinnovamento del metodo teologico,* Queriniana, Brescia 1969: a Escola de Tübingen insiste fortemente no caráter histórico da teologia, em obediência ao caráter histórico da revelação cristã.

7. Sobre esses temas cf. B. FORTE, *La teologia come compagnia, memoria e profezia. Introduzione al senso e al metodo della teologia come storia,* San Paolo, Cinisello Balsamo (Mi) 1996[2].

8. *Optatam totius,* 16.

mostram os frutos do historicismo absoluto na ideologia moderna e em seus fechamentos asfixiantes, geradores de totalitarismo e de violência. A verdade 'acontece' na história, não 'se torna' nela, ou seja, vem se manifestar na mediação hermenêutica da linguagem e da comunicação, sempre excedendo, porém, a capacidade de entendimento do conceito e da interpretação. O exercício da hermenêutica histórica em teologia não se realiza, portanto, a preço de uma perda da verdade, de sua queda nas malhas da ideologia ou, depois da evidência do fracasso histórico dela, na captura niilista característica do 'pensamento fraco'.

Conseqüência dessas premissas é que uma teologia que, no espírito do Vaticano II, assuma a consciência histórica não equivale de modo algum a um pensamento renunciatório com relação a todo possível estabelecimento metafísico: ao contrário, a atenção ao ser como lugar concreto do advento da verdade não exclui, mas até exige a atenção ao ser que funda a própria verdade. Acontecendo na história, a verdade não perde sua consistência ontológica: simplesmente, ela a torna — pelo menos em parte — acessível, comunicável e significativa para o homem: "Efetivamente, o pensamento histórico que se entenda corretamente não pode renunciar de modo algum a categorias metafísicas... Definitivamente, toda história, justamente como história, deve ser concebida somente como proveniente da tensão entre infinito e finito, da diferença ontológica entre ser e existente, do jogo conjunto de liberdade e vínculo com a tradição, de indivíduo e sociedade. Sem essas estruturas, que a caracterizam metafisicamente, a história não pode realmente existir e ser concebida como tal"[9]. A pesquisa do sentido da verdade, do propor-se dela como significativa e eloqüente à vida dos homens não é sacrifício da profundidade e da objetividade do verdadeiro: a verdade em si se faz verdade para nós, sem perder sua transcendência; ela se dá ao horizonte de sentido, faz-se inteligível e significativa, não a preço de seu excesso, mas justamente graças a ela e à sua manutenção. Verdadeiramente, então, "um pensamento histórico, entendido bem, não tem nada a ver com o relativismo e com o ceticismo. A história não exclui, mas inclui a Tradição, os vínculos sociais, as estruturas essenciais da metafísica, ainda que de modo histórico, não estático e fixista"[10].

2.3. Entre ortodoxia e ortopráxis: a via da beleza

A condição da pesquisa teológica que assuma a consciência histórica no espírito do Vaticano II vem se delinear, pois, como exercício de uma dupla e única fidelidade: a fidelidade ao mundo presente como indissoluvelmente unida à fidelidade ao mundo que deve vir. A teologia que daí resulta apresenta-se como ciência das coisas presentes e do sentido que a elas abre o advento da Verdade divina e ao mesmo tempo como sabedoria do Mistério, abertura a acolher o inexaurivelmente novo, que vem se oferecer na Palavra do Deus vivo, conhecimento segundo as 'altíssimas causas' que radicam nas

9. W. KASPER, *Per un rinnovamento del metodo teologico*, op. cit., 71.
10. Id., ibid.

próprias profundidades do Silêncio da origem a que somente a revelação dá abertura[11]. A teologia como história é, portanto, pensamento reflexo da existência crente, marcada pelo Deus-que-vem e por seu insondável Mistério, e expressão lingüística da consciência crítica da experiência eclesial da fé: um dizer o advento da Verdade divina com as palavras do êxodo humano e um portá-lo no embate com o advento da Transcendência; um pensar o êxodo como determinado pela Verdade salvífica e ao mesmo tempo um discernir essa Verdade como mediata nas palavras e nos eventos da condição humana. Estimulada pelas interrogações e pelas instâncias do presente ("*caritas quaerens intellectum*"), a reflexão crítica da fé repropõe em resposta a eles a Verdade do Eterno ("*fides quaerens intellectum*"), que vem se comunicar nas palavras do presente para suscitar futuro ("*spes quaerens intellectum*"). É essa estrutura histórica — conscientemente assumida na escola do Vaticano II — que muitas vezes conferiu à teologia dos últimos decênios uma carga militante, levando-a a se pronunciar não apenas na forma do ensaio científico, mas também nas do discernimento pastoral, do testemunho e da biografia espiritual.

É necessário reconhecer que essa relação entre Verdade e história nem sempre foi vivida pela pesquisa teológica pós-conciliar de maneira isenta de reducionismos e de riscos: pode-se até afirmar que uma permanente tentação de desequilíbrio se apresentou, às vezes na tendência a exacerbar a identidade

11. Cf. TOMÁS DE AQUINO, *Summa Theol.* I q.1 a. 6c.: "*Utrum haec doctrina sit sapientia*" [ed. br.: *Suma teológica*, vol. I, I Parte, Questões 1-43, Edições Loyola, São Paulo 2003² 144].

da *veritas christiana*, às vezes no absoluto valor atribuído à importância histórica da fé. A defesa da identidade teve certamente suas razões: contra os reducionismos da razão ideológica, o testemunho da verdade revelada pôs-se não somente como afirmação do primado de Deus, mas também como garantia da própria dignidade do homem, muitas vezes manipulada e ofendida em nome das ideologias. A apresentação fiel do específico cristão teve nesse sentido um caráter de resistência, constituindo uma espécie de reserva antiidolátrica de grande eficácia (p. ex., o impacto explosivo que a proclamação do Evangelho teve em relação aos processos de dissolução dos sistemas totalitários de nosso tempo). Análoga ação de reserva crítica o pensamento da fé é chamado a exercer em relação à indiferença que se seguiu à queda dos sistemas ideológicos: o fracasso dos projetos totalizadores da razão forte induziu não poucos a pender para uma espécie de 'pensamento fraco', em que vem a faltar totalmente a paixão pela verdade. Também em relação a essa tendência, a afirmação da *veritas christiana* é valiosa como oferta de sentido e proposta de esperança diante da crise do fundamento e da renúncia niilista de grande parte da cultura pós-moderna. Os riscos dessa afirmação da identidade apresentaram-se onde ela não soube interpor-se em linguagens significativas para a cultura, mantendo-se alheia às profundas mudanças culturais que se realizaram na parábola da modernidade e na inquieta passagem do moderno a seus desenvolvimentos críticos: isso condenou algumas formas de produção teológica a uma certa irrelevância, a um sabor de abstração e de estranheza que prejudicou não pouco o diálogo entre fé e cultura (basta pensar na crise da manualística e de um certo nocionismo catequético exacerbado).

Na direção oposta, a atenção da pesquisa teológica se deslocou do primado da identidade para a importância histórica da fé nos contextos de miséria, de dependência e de opressão em que vive a maior parte da humanidade: para os teólogos da libertação, o mundo das não-pessoas exige o abandono de uma epistemologia racionalista que se contente com reconciliações puramente ideais, a favor de uma epistemologia de sabor bíblico em que compreender signifique ao mesmo tempo amar e se comprometer com os outros. A 'desprivatização' da mensagem cristã é nesse sentido uma exigência feita ao próprio teólogo, chamado a se inserir vitalmente na história de seu povo, para atualizar nele e com ele a memória 'perigosa' da ação libertadora de Deus realizada em Jesus Cristo. A 'ortopráxis' parece se tornar o critério de verificação da teologia, julgada a partir da sua capacidade de suscitar e alimentar compromissos de libertação e de promoção da justiça para todos e de, ao mesmo tempo, se opor a toda forma de exploração e de violência. Se a radicalização dessas instâncias levou às vezes a perder a referência à força transcendente do evangelho e à comunicação da fé que ela estabelece entre os crentes, a urgência de uma presença crível ao lado dos pobres e a seu serviço foi se delineando como um componente inadiável da reflexão teológica e da práxis pastoral. A pesquisa da importância histórica à custa da perda da identidade evangélica demonstrou, todavia, ser um risco real, que produziu dolorosas reduções da palavra e da vida da fé apenas às coordenadas mundanas. Esses últimos decênios mostraram a altos custos que um amor sem verdade perde também a si mesmo, de modo análogo como uma verdade sem amor se torna incapaz de irradiação e de credibilidade. Entre identidade e importância parece urgente manter a circularidade que uma correta compreensão do ensinamento do Vaticano II reconhece operante entre Verdade e história: a obediência à Verdade é inseparável de seu anúncio crível e operoso, como, aliás, o serviço à justiça e à paz não pode sustentar-se por muito tempo sem um apoio no fundamento, que se torna acessível pela revelação da Verdade. Depois do final do século das ideologias e dos totalitarismos e de sua parábola de decadência e de dissolução, o verdadeiro desafio posto à pesquisa teológica parece então ser justamente o de uma exata conjugação de fé e de prática, de identidade e de relevância, de testemunho da Verdade e de serviço da caridade.

Uma forma importante de aceitar esse desafio na pesquisa teológica desses anos vem da que foi chamada "a via da beleza": ela deve ser assumida não como uma fórmula totalizadora, mas como indicação de um caminho possível e fecundo para o pensamento crítico da fé. Entre ortodoxia e ortopráxis — precisamente como reciprocamente necessárias — a síntese pode ser buscada numa espécie de bem achada 'filocalia' de um sentido do belo, ou seja, de um sentido educado para o amor da Beleza que salva, oferecida na revelação. Foi mérito de Hans Urs von Balthasar perceber de modo peculiar a atualidade epocal do belo como via para a recuperação do verdadeiro e do bem numa época tentada pela renúncia aos horizontes de fundação e de sentido: "Nossa palavra inicial", escreve ao iniciar a sua obra maior, "chama-se beleza. A beleza é a última palavra que o intelecto pensante pode ousar pronunciar, porque ela não faz mais que coroar, como auréola de esplendor inatingível, o duplo astro do verdadeiro e do bem e sua indissolúvel relação. Ela é a beleza desinteressada sem a qual o velho mundo era incapaz de se entender, mas que na ponta dos pés se despediu do moderno mundo dos interesses, abandonando-o à sua cupidez e à sua tristeza"[12]. A conseqüência dramática desse exílio da beleza está na inevitável perda de sentido do verdadeiro e do bem: "Num mundo sem beleza... até o bem perdeu sua força de atração, a evidência de seu dever-ser-realizado... Num mundo que não se crê mais capaz de afirmar o belo, os argumentos a favor da verdade exauriram sua força de conclusão lógica"[13].

O que se faz então uma necessidade urgente — para o cumprimento da parábola da época moderna — é um cristianismo que recupere rigorosamente a centralidade e a relevância do belo: não basta mais testemunhar a alteridade de Deus com relação ao mundo, tarefa necessária e valiosa, todavia, em muitas horas, nem sua simples congruência com os interesses mundanos, fossem eles até os mais altos e nobres como os promovidos pelas instâncias de justiça e de libertação. A uma humanidade que descobriu de modo tão intenso a mundanidade do mundo e perseguiu o projeto de se emancipar de toda dependência estranha ao horizonte terreno é necessário mais que nunca propor Deus de forma humana, o escândalo ao mesmo tempo atraente e inquietante da humanidade de Deus, sob a condição, porém, de que isso não aconteça em detrimento de sua verdade cada vez maior. É na busca desse difícil equilíbrio que é preciso descobrir a chave estética da mensagem cristã: somente quem encontrou o sentido da verdadeira beleza — e, portanto, do advento paradoxal

12. *Gloria. 1. La percezione della forma*, Jaca Book, Milão 1971, 10.
13. Ibid., 11.

do Todo divino no fragmento mundano — pode também anunciar o Deus feito carne de maneira significativa para a humanidade, que hoje se tornou consciente da plena dignidade de tudo o que é histórico e mundano e está empenhada na promoção da dignidade da pessoa toda em toda pessoa. Será a explícita e argumentada consciência do oferecer-se do infinito no finito e, portanto, será a compreensão estética da revelação, o caminho capaz de fazer chegar a mensagem da salvação ao mundo humano, 'por demais humano', que é o nosso mundo, testemunhando um Deus próximo, cheio de compaixão e libertador ao mesmo tempo.

Essa via foi certamente preparada pela descoberta do símbolo e da metáfora, pela volta do relato e pela renovada atenção à analogia, delineadas nas teologias desses anos[14]: o emergir difuso de uma nova consciência da fé com relação ao tema da beleza que salva é, todavia, bastante recente[15]. Relembrando esquematicamente os passos evocados, poder-se-ia dizer que a pesquisa teológica do final do século XX teve necessidade, em primeiro lugar, de ressaltar a força da Verdade revelada contra os reducionismos das diversas ideologias; ao mesmo tempo, teve de aceitar o desafio da práxis que se

---

14. Remeto para todos esses aspectos a B. FORTE, *La parola della fede. Introduzione alla Simbolica Ecclesiale*, San Paolo, Cinisello Balsamo (Mi) 1996, especialmente ao cap. I.

15. No plano do magistério, são exemplos significativos a *Carta aos artistas*, de João Paulo II, de 4 de abril de 1999, a nota pastoral dos bispos toscanos, de 23 de fevereiro de 1997, sobre a comunicação da fé por meio da arte, cujo título é *La vita si è fatta visibile*, e a carta pastoral do card. Carlo M. Martini para o ano 1999-2000: *Quale bellezza salverà il mondo?*

apresentava como espinho no flanco de afirmações que, por sua pureza, corriam o risco de parecer abstratas e distantes da complexidade da vida; e nessa dupla tensão foi amadurecendo a urgência de conjugar 'ortodoxia' e 'ortopráxis' mediante um pensamento simbólico, narrativo e analógico, que levasse a seus frutos mais fecundos a assunção da consciência histórica operada pelo Vaticano II. Aquilo a que se assiste hoje — depois do ocaso das 'grandes narrativas' ideológicas e das pretensiosas 'filosofias da práxis' — é a necessidade de um novo encontro entre compromisso histórico e verdade, entre 'fenômeno' e 'fundamento'[16]. E é justamente a via da beleza que parece permitir esse encontro: o desafio posto à pesquisa teológica é o de mostrar que o Cristo não é somente verdadeiro e justo, mas também belo ("o belo Pastor" de João 10,11 e 14, segundo o original grego!) e que é justamente a beleza que o torna atraente e significativo para quem procura razões para viver e viver junto com os outros. Depois da necessária afirmação da ortodoxia e do emergir das urgências da ortopráxis nos desenvolvimentos da aceitação do Concílio, talvez tenha chegado o momento de a pesquisa teológica se abrir a essa reconhecida 'filocalia': a um amor do belo, ou seja, capaz de reconhecer seu rosto no Senhor Crucificado, verdadeira "porta da Beleza", que liberta o fragmento do tempo e o redime para a eternidade[17]...

---

16. Nesses termos se expressa também João Paulo II sobre as relações entre fé e razão na sua comum — embora distinta — "diaconia à verdade" na encíclica *Fides et ratio*, de 14 de setembro de 1998.

17. A esses temas dediquei o recente livro: *La porta della Bellezza. Per un'estetica teologica*, Morcelliana, Brescia 1999[2].

3

Falar de Deus no mundo pós-moderno

"As pessoas religiosas falam de Deus quando a consciência humana chega ao limite (às vezes por preguiça de pensamento), ou quando as forças humanas diminuem..., mas esse sistema funciona somente até os homens conseguirem com suas energias empurrar mais para a frente os limites e Deus se tornar supérfluo como *deus ex machina*... Gostaria de falar de Deus não nas fronteiras, mas no centro, não na fraqueza, mas na força, não na morte e na culpa, mas na vida e na bondade do homem... A igreja não se situa onde a capacidade do homem não atua mais, nos confins, mas no meio da aldeia"[1].

Essas palavras, escritas por Dietrich Bonhoeffer numa época em que a consciência crente parecia experimentar na tragédia do Holocausto o exílio e o silêncio da Palavra, traçam um programa para todo aquele que quiser responder responsavelmente à pergunta: que sentido tem falar de Deus? Se a Palavra quis ecoar nas palavras de nossa linguagem, não em outra

1. D. BONHOEFFER, *Resistenza e resa*, Bompiani, Milão 1969, 215ss.

parte, mas em nossa história, não na periferia, mas no meio da aldeia, o falar cristão de Deus não poderá jamais ser proposto sem de algum modo se situar em relação ao mundo ao qual se dirige: se não fizesse esse esforço não passaria de uma ulterior forma do silêncio da Palavra. Motivando seu sentido diante dos contextos em que ecoa, a palavra cristã aprende a linguagem dos homens, fala as palavras do tempo, a fim de que nelas se torne presente a perene novidade da mensagem.

A aldeia, que é agora esse vasto mundo unido pelos jogos do poder e pela rede da 'globalização', apresenta-se certamente complexa a quem quiser falar de Deus em seu meio: o final do 'breve século' (Eric Hobsbawm), marcado pela realização da parábola do Iluminismo e desafiado pelas incertezas do pós-moderno, provocou os crentes a justificar a esperança que eles têm (cf. 1Pd 3,15) numa espécie de apologia vivida entre o êxodo da condição humana e o advento de Deus. Qual é a figura do êxodo no mundo pós-moderno? e qual a possível do advento? É a partir dessas perguntas, atentas em aceitar os desafios da pós-modernidade, que tem início a tentativa de apontar o sentido do falar cristão de Deus diante de nosso presente.

3.1. A parábola da época moderna

A parábola do tempo moderno pode ser descrita em três etapas essenciais: a. o nascimento e o desenvolvimento do projeto emancipatório da razão iluminada; b. a dialética do Iluminismo; c. o emergir do pós-moderno. Do ponto de vista da teologia, esse processo leva de uma inicial absorção do Absoluto no horizonte do mundo — justamente denunciado por Nietzsche como a hora da morte de Deus —, a um progressivo abrir-se a um 'em outra parte', que é o inominável pressuposto de toda realidade mundana, o Totalmente Outro, de que é forte traço característico "o Anjo necessário da terra"...

a. *Emancipação* é uma espécie de palavra-chave, capaz de identificar toda a época, que está sob o signo do Iluminismo: ela exprime o projeto característico da razão moderna de tornar o homem finalmente adulto, livre de hipotecas ultramundanas, capaz de querer e ser sujeito da própria história. "Emancipação é levar o mundo e todas as relações humanas ao próprio homem"[2]: como tal, ela significa o processo de autolibertação e de auto-afirmação do homem, quer considerado individualmente numa espécie de triunfo da subjetividade, quer entendido coletivamente nos dinamismos históricos de mudança revolucionária. Nesse sentido, é significativo que a mais alta celebração do ato da razão, que é a filosofia hegeliana, possa ser entendida como a leitura reflexa da revolução francesa, uma espécie de comentário e de esclarecimento da transformação emancipatória em vigor[3]. De Hegel a Marx, e antes ainda dos albores do Iluminismo até seus epígonos burgueses ou revolucionários, a emancipação é o projeto de fundo, a ânsia e a meta cobiçada da modernidade. Não sem orgulho

2. K.MARX, "Zur Judenfrage", in *Die Frühschriften*, por S. Landshut, Kröner, Stuttgart 1953, 199.

3. Sobre Hegel e a revolução francesa, cf., entre outros, J. RITTER, *Hegel und die französische Revolution*, Westdt., Colônia-Opladen 1957, e J. HABERMAS, "Hegel Kritik an der Französischen Revolution", in *Theorie und Praxis*, Luchterhand, Neuwied-Berlim 1967, 89-107.

Hegel afirma: "Desde quando houve sol no firmamento e os planetas giraram em torno dele, jamais se vira que o homem se baseasse na cabeça, ou seja, no pensamento, e construísse a realidade segundo esse último. Anaxágoras tinha sido o primeiro a dizer que o *nous* rege o mundo, mas somente agora o homem chegou a entender que o pensamento deve reger a realidade do espírito. E essa é uma aurora valiosa"[4].

O jovem Marx, em tom quase inspirado, atesta uma confiança semelhante na capacidade da consciência dos homens de se emancipar: "Parecerá claro... que há muito o mundo possui o sonho de uma coisa, da qual não deve mais que ter a consciência para possuí-la realmente. Parecerá claro que não se trata de traçar uma linha reta entre passado e futuro, mas de *realizar os pensamentos* do passado"[5]. Já Kant, respondendo à pergunta: "O que é o Iluminismo?", afirmara: "O Iluminismo é a saída do homem de sua menoridade, que ele deve a si mesmo. A menoridade é a incapacidade de se servir do próprio intelecto sem a guia de um outro. E essa menoridade, nós a devemos a nós mesmos, se a causa dela reside na falta não de inteligência, mas da decisão e da coragem de nos servir dela sem a guia de outro"[6]. Aqui está o fascínio e a grandeza do desafio iluminista: pôr o mundo e a vida nas mãos e na mente da pessoa, responsabilizar o sujeito pessoal e coletivo, provocando-o a se fazer livre e criativo da própria

---

4. G. W. F. HEGEL, *Lezioni sulla filosofia della storia*, trad. de G. Calogero e C. Fatta, IV, La Nuova Italia, Florença 1966, 204.

5. K. MARX, *Un carteggio del 1843 e altri scritti giovanili*, trad. de R. Panzieri, Roma 1954, 40ss.

6. I. KANT, *Zur Beantwortung der Frage: Was ist Aufklärung?* (1784).

história, para respirar a plenos pulmões o gosto da veracidade e da crítica, de uma liberdade adulta e emancipada.

Sob o ponto de vista teológico, semelhante empreendimento se traduziu quer na recusa da imagem de um Deus concorrente do homem, quer na redução de todo Absoluto a se tornar prisioneiro no horizonte mundano. Nenhum outro, talvez, soube traduzir a grandeza e a tragicidade desse empreendimento como Friedrich Nietzsche, no aforismo intitulado *O homem louco*: "Vós ouvistes a respeito daquele homem louco que acendeu uma lanterna em plena luz da manhã, correu ao mercado e se pôs a gritar sem parar: 'Procuro Deus! Procuro Deus!'. E como justamente ali se encontravam reunidos muitos dos que não acreditavam em Deus, provocou grandes risadas. 'Terá se perdido, talvez?', disse um. 'Perdeu-se como uma criança?', observou um outro. 'Ou estará bem escondido? Tem medo de nós? Embarcou? Emigrou?' — falavam alto e riam numa grande confusão. O homem louco pulou no meio deles e os cravejava com seu olhar: 'Para onde foi Deus? — gritou — Quero vos contar! *Fomos nós que o matamos*: vós e eu! Somos todos nós seus assassinos! Mas como fizemos isso? Como poderíamos esvaziar o mar, bebendo-o até a última gota?... Não estamos talvez como que vagando através de um infinito nada? Não sopra sobre nós o espaço vazio? Não se fez mais frio? Não continua a se fazer noite, cada vez mais noite? Não temos de acender lanternas em plena manhã?'"[7].

7. F. NIETZSCHE, *A gaia ciência*, Cia. das Letras, São Paulo, 2001, aforismo 125. Cf. a interpretação de M. HEIDEGGER, *"La sentenza di Nietzsche 'Dio è morto"*, in ID. *Sentieri interroti*, La Nuova Italia, Florença 1968, 191-246.

É igualmente de Nietzsche a feroz paródia do Deus "que se tornou penetrável e compreensível a si mesmo somente no cérebro hegeliano"[8]. Observa a propósito Franz Rosenzweig: "A razão venceu, o fim volta ao início, o objeto supremo do pensamento é o mesmo, não há nada de inacessível à razão; o próprio irracional é apenas o seu limite, não um além. Vitória, pois, em toda a linha, mas a que preço! O grande edifício da realidade está destruído: Deus e homem se volatilizaram no conceito-limite de um sujeito do conhecimento; mundo e homem, de outra parte, no conceito-limite de um puro e simples objeto desse sujeito; e o mundo... se tornou uma simples ponte entre esses conceitos-limite"[9]. A razão, absorvendo Deus, afogou em si toda alteridade possível: agora ela é a única responsável do tornar-se mundano. Todo limite lhe é insuportável. A ideologia, em todas as suas formas teóricas, bem como em suas realizações práticas, é a expressão dessa fome e sede de totalidade. A emancipação se converte em totalitarismo; "o sonho de uma coisa" continua incompleto e frustrado, justamente quando parecia que se podia celebrar seu cumprimento; o Iluminismo, mestre da suspeita, torna-se suspeito a si mesmo.

b. A *dialética do Iluminismo* é exatamente a denúncia dos limites e das pretensões da razão emancipadora[10]: ela des-

8. ID. *Considerazioni inattuali,* Adelphi, Milão 1972, II,8.

9. F. ROSENZWEIG, *La stella della redenzione,* Piemme, Casale Monferrato (Al) 1985, 153ss.

10. Cf. M. HORKHEIMER-T. W. ADORNO, *Dialética do esclarecimento,* Jorge Zahar Editores, Rio de Janeiro, 1985.

mascara as quedas e as incompletudes causadas pela sede de totalidade, que o *homo emancipator* concluiu com o produzir. A crítica que foi se desenvolvendo poderia se reunir em torno das categorias da culpa, da morte e da ulterioridade. Se todo sujeito meta-histórico é eliminado, de quem será a culpa dos fracassos históricos? A defesa dos direitos soberanos da razão emancipadora determina nela a necessidade de se criarem mecanismos de autojustificação; identificam-se assim outros sujeitos sobre os quais descarregar a responsabilidade do fracasso, sujeitos transcendentais — a natureza, o Espírito, com a necessidade do negativo exigida por seu movimento dialético — como é na ideologia burguesa — ou sujeitos historicamente determináveis — os inimigos do proletariado, os detentores do capital — como é no marxismo. Se para uns a história dos vencidos e o mal que devasta a terra são o preço inevitável do desenvolvimento, a outra face do processo do Espírito, para outros tudo recai sobre as culpas históricas da burguesia. A ideologia liberal do progresso, bem como a marxista da revolução acabam por se revelar ambas incapazes de uma autocrítica libertadora: procurando outros sujeitos a quem imputar a história da culpa, para reservar a si mesmas a história do sucesso, elas evidenciam os limites da razão emancipadora, a sua radical incapacidade de conciliar as contradições do real.

"Restam a dor, o luto, a melancolia; resta sobretudo o sofrimento muitas vezes mudo pela inconsolada dor do passado, pela dor dos mortos, uma vez que também a maior liberdade das gerações vindouras não repara nem cancela a dor passada. Nenhuma melhora intramundana das condições de liberdade pode conseguir fazer de novo justiça aos mortos, ninguém chega, transformando, à injustiça e à insensatez da dor passada. Uma história emancipatória da liberdade, que suprima ou remova essa figura da história da paixão, torna-se ela própria uma história parcial e abstrata da liberdade; o seu 'progresso' se realiza, afinal, como uma irrupção na desumanidade"[11]. Enquanto valer a lei do '*vae victis*' e não se assumir corajosamente o peso da culpa, nenhuma história de emancipação será verdadeiramente história de liberdade; mas dar esse passo significa reconhecer o Outro, confessar que a razão moderna não é tudo, abrir-se a uma consciência de êxodo e de advento. O sofrimento dos vencidos denuncia como a história da emancipação pode acabar, e de fato na maioria das vezes acabou, em triunfo dos vencedores.

Se, diante do fracasso, a razão moderna reage com a autojustificação, descarregando assim sobre outros o peso do passado consumado e doloroso, diante do presente ela tende a uma leitura solar, sem sombras e sem ausências. É uma espécie de desconfiança iluminista em relação à noite, em que "todas as vacas parecem negras" (Hegel). Com referência a ela delineia-se a exigência de restituir ao homem a morte: o Iluminismo, não menos que um certo pensamento metafísico do passado, parece ser uma "filosofia sem a morte"[12]. A intuição e a vontade de uma totalidade traduzem-se numa espécie de presença plenária, que tudo reconduz a si e que asse-

11. J. B. METZ, *La fede, nella storia e nella società*, Queriniana, Brescia 1978, 128.

12. Cf. G. LAFONT, *Dieu, le temps e l'être*, Cerf, Paris 1986, 88ss.

gura sempre uma explicação razoável da ausência. O mal e a morte constituem por certo uma dificuldade que, porém, acaba sendo reposta na ordem como um momento negativo necessário, que não se opõe à vida do Espírito, mas constitui uma etapa sua ou um preço pago à causa da revolução para o futuro de todos. Na lucidez onicompreensiva do pensamento emancipado, alguma coisa, todavia, ficou comprometida: descobriu-se a necessidade de caminhos não iluminados pela presença nem pela plenitude. Encontrar o valor e a dignidade da morte, descobrir o sentido da interrupção e o peso da ausência significa certamente renunciar ao sonho emancipatório de uma totalidade onicompreensiva, mas significa também respeitar a verdade da vida, os 'caminhos interrompidos' que nos fatos se opõem à pretensão iluminista de um cumprimento a todo custo. Nesse retorno da morte, a crítica ao Iluminismo une-se à revolta de todo sistema fechado, presumidamente exaustivo e completo, a favor da realidade em que a noite, a estagnação e o silêncio não exercem um papel menor que a luz do dia, o movimento e a palavra.

Enfim, se a história da culpa denuncia os álibis da razão emancipadora em relação à responsabilidade histórica e o retorno da morte mostra sua infidelidade ao que é atual e real, o sentido da ulterioridade revela seu fechamento com respeito ao que é verdadeiramente novo, adveniente e surpreendente para nós. Na presunção da totalidade não há verdadeiro espaço para o futuro: absolutizando o ato da razão, a emancipação iluminista celebra o triunfo não apenas sobre o passado, porquanto no hoje da consciência repousam os milênios das "fadigas do Espírito" (Hegel), mas também sobre o futuro, pois a lei do desenvolvimento é agora clara ao pensamento e a reconciliação final não é senão uma projeção da tranqüilidade já visível agora ao espírito no acabamento articulado do sistema. O "Domingo da vida" acaba sendo por isso uma espécie de "Sexta-feira Santa do futuro": onde se atinge o vértice não há espaço para ulterior acabamento, não há disponibilidade ao estupor da novidade, e a coruja de Minerva — anunciadora do dia pleno da filosofia[13] — proclama na realidade uma vida não mais aberta ao futuro[14]. Ao Iluminismo em sua versão burguesa falta a esperança: onde a posse é tudo não há espaço para o êxodo; na sua versão revolucionária falta a fantasia: a ditadura do proletariado não está aberta à novidade do advento. Nesse sentido, o projeto emancipatório se torna um render-se ao presente ou, no máximo, um deduzir dele o futuro: e assim acaba sendo um exilar-se do homem de si mesmo e do sonho do amanhã. A razão emancipadora saboreia as cebolas do Egito: "O verdadeiro exílio de Israel no Egito foi os hebreus terem aprendido a suportá-lo"[15].

c. Diante da crise do Iluminismo percebe-se com nova seriedade o peso da pergunta de Hölderlin: "Para que servem

---

13. Cf. G. W. F. HEGEL, *Lineamenti di filosofia del diritto*, Laterza, Bari 1974, 20 [ed. br.: *Princípios da filosofia do direito*, Martins Fontes, São Paulo 2000].

14. Cf. B. FORTE, *Cristologie del Novecento*, Queriniana, Brescia 1995³, 20ss.

15. *I racconti dei Chassidim*, org. M. Buber, Guanda, Milão 1979, 647.

os poetas no tempo da pobreza?"[16]. Onde a razão totalizadora fracassou, no tempo de uma nova pobreza com relação à pretensão da posse, serve uma palavra que evoque e não aprisione, que rompa o círculo da presença e abra ao gosto e ao valor da ausência. A totalidade dá lugar ao fragmento; a divisão e a separação parecem reinar onde antes havia ordem e unidade; tudo se torna fluido, descontínuo, interrompido. Dá-se um adeus às certezas para navegar em direção ao desconhecido. Esse adeus, esse longo adeus é o surgir do *tempo pós-moderno*: tempo de 'pensamento fraco', de 'aventuras da diferença', de 'crise da ideologia'[17]. Na sua recusa crítica do Iluminismo, ele não é senão sua forma revirada, pensamento de negação e de ruptura onde havia pensamento de afirmação e de conciliação: ao conhecimento solar se opõe o amor das trevas; ao sentido da posse e da consistência, 'a insustentável leveza do ser' (M. Kundera). E é precisamente nesse seu ser 'antipensamento' que reside o grande risco do pós-moderno, ou seja, de se tornar nada mais que uma continuação no sinal contrário do que pretende abandonar. A sede de totalidade da razão emancipadora pode se converter numa nova totalidade, negativa, que abarca todas as coisas. Não é talvez verdade que o tempo que acaba exerce ainda por um bom período seu fascínio sobre o tempo que segue, sobretudo se ele se une ao outro com um vínculo tão forte quanto o da reação e da recusa? Não esconde o

---

16. Cf. M. HEIDEGGER, "Perché i poeti?" in *Sentieri interrotti*, op. cit., 246-297.

17. Cf., p. ex., VV.AA., *Il pensiero debole*, Feltrinelli, Milão 1983, bem como M. CACCIARI, *Pensiero negativo e razionalizzazione*, Marsilio, Veneza 1978, e G. VATTIMO, *As aventuras da diferença*, Edições 70, Lisboa 1988.

mesmo nome de pós-moderno o risco sutil, descrito de modo admirável pelas palavras de Kundera: "A luz avermelhada do pôr-do-sol ilumina todas as coisas com o encanto da nostalgia, até a guilhotina"[18]? O adeus pode estar tão carregado de nostalgia quanto vazio de esperança: o abandono muitas vezes carrega consigo a dependência da lembrança...

3.2. A FIGURA DO OUTRO

É assim que vai se delineando com nova força, na procura do pós-moderno, a figura do *Outro*[19]. Significa ele o limite intransponível da razão, que ela não pode dizer o que é, embora deva se render a reconhecer que existe. "Se a morte é alguma coisa, então nenhuma filosofia de agora em diante deverá distrair dela o nosso olhar, afirmando ser desprovida de pressupostos."[20] A única maneira de escapar às pretensões totalizadoras da razão moderna é confessar uma alteridade que rompa o domínio onicompreensivo do sujeito e se ofereça como origem sem origem e fim sem fim, o Totalmente Outro, não dedutível de tudo o que é disponível e que não se resolve no que é conhecido. Descobre-se um princípio de 'heteronomia': sentimo-nos chamados a consentir "numa certa

18. M. KUNDERA, *L'insostenible leggerrezza dell'essere*, Adelphi, Milão 1985, 12 [ed. br.: *A insustentável leveza do ser*, Cia. das Letras, São Paulo 1999].

19. Cf., sobre o emergir dessa figura no diálogo entre filosofia e teologia na modernidade, B. FORTE, *In ascolto dell'Altro. Filosofia e rivelazione*, Morcelliana, Brescia 1998².

20. F. ROSENZWEIG, *La stella della redenzione*, op. cit., 51ss.

não-presença a nós mesmos, numa anterioridade que nós não instituímos, embora possamos nos situar em relação a ela, num fluxo e num espaço que não podemos abandonar, embora possamos nos situar nele"[21].

Essa heteronomia fundadora apresenta-se acessível segundo duas vias, que respeitam sua alteridade profunda: a narração e a analogia. A primeira lembra e representa histórias abertas, é memória de uma origem que não se deixa capturar no relato justamente porque o relato evoca o que o supera e suscita o que virá sem o predeterminar. O pressuposto se deixa perceber, mas não entender nos relatos da memória originária. Porém, como indizível e inapreensível, essa alteridade radical, que tudo assinala e envolve, deixa-se evocar também pela analogia: ela é ao mesmo tempo consciência do limite e da dessemelhança e abertura respeitosa à ulterioridade, que é pressuposto de tudo. Ao calar, dizendo, e ao dizer, calando, a analogia é palavra do Silêncio e silêncio da Palavra: ela está no limite entre o mudo silêncio da equivocidade de sentido e a palavra indiscreta da univocidade que tudo quereria absorver[22]. Nela, o pressuposto se apresenta sem se deixar prender e se esconde sem se deixar olvidar. Se o relato atravessa hori-

---

21. G. LAFONT, *Dieu, le temps et l'être*, op. cit., 115.

22. Cf. id., ibid., 125ss. Cf. também STO. TOMÁS, *Summa Theologiae* I q. 13 a. 5: "Iste modus communitatis medius est inter puram aequivocationem et simplicem univocationem. Neque enim in his quae analogice dicuntur est una ratio, sicut est univocis, nec totaliter diversa, sicut in aequivocis; sed nomen quod sic multipliciter dicitur, significat diversas proportiones ad aliquid unum": "Este modo médio de comunicação está entre a pura equivocidade e a simples univocidade. Nos nomes ditos por

zontalmente a história, evocando o que é primeiro e último, a analogia traspassa verticalmente o real, voltando-se ao Algures cada vez maior. Figura significativa dessa busca ao mesmo tempo narrativa e analógica do pressuposto é o "Anjo necessário"[23]: "Eu sou o Anjo da realidade, divisado por um instante no umbral... Eu sou o Anjo necessário da terra, pois quem me vê vê de novo a terra, livre dos grilhões da mente, dura, obstinada, e quem me escuta ouve seu canto monótono elevar-se em líquidas lentidões e aflorar em palavras de água (W. Stevens)"[24]. "O Anjo atesta o mistério como mistério, transmite o invisível, não o 'transcende' pelos sentidos."[25] "Em seu guiar para as coisas invisíveis, o Anjo é figura daquela *anagogia*, daquele *sensus anagogicus* que se refere à vida futura e às coisas celestes."[26] "Aquilo a que propriamente educa o Anjo é essa nostalgia pela visão que 'ninguém jamais viu nem verá'."[27] É preciso lutar com o Anjo para que a terra e as coisas se confiem a nós em sua verdade profunda: e esse lutar com o

---

analogia, não há nem unidade da razão, como nos nomes unívocos, nem total diversidade das razões, como nos nomes equívocos; mas o nome que é assim tomado em vários sentidos significa proporções diversas a algo uno" [ed. br.: *Suma teológica,* vol I: I Parte, Questões 1-43, Edições Loyola, São Paulo, 2003², 295]. Cf. também o capítulo primeiro de B. FORTE, *La parola della fede,* San Paolo, Cinisello Balsamo (Mi) 1996.

23. Cf. M. CACCIARI, *L'Angelo necessario,* Adelphi, Milão 1986.

24. A poesia, de *An Angel surrounded by paysans,* abre o livro de Cacciari, ibid., 9.

25. Ibid., 15.

26. Ibid., 19.

27. Ibid., 23.

Indizível já é invocação[28]. Onde ela falta, onde a recusa e a presunção estão presentes, não há nenhum êxodo, nenhum advento: "'Auto-afirmação inóspita', foi como Florenskij chamou o pecado: amar a própria luz criatural, de modo tão absoluto a ponto de não podê-la de algum modo doar, de não poder nela acolher nenhum Pressuposto"[29].

3.3. Rumo a qual teologia cristã?

No meio dessa aldeia, que é o mundo pós-moderno saído das aventuras da emancipação e indeciso entre o fascínio de um puro negativo, herança dialética do Iluminismo, e o reconhecimento de um inapreensível Pressuposto, vem se situar a teologia cristã: ela não é estranha à complexidade dos episódios descritos. A uma teologia 'moderna', liberal e progressista, enfeitiçada pela sedução do projeto emancipatório a ponto de estar disponível a identificar o Evangelho da libertação com o sonho da emancipação, a reviravolta dialética de Karl Barth opôs justamente um retorno à "*viva vox evangelii*", ao santo relato da salvação, em que se realiza o advento dAquele que é totalmente Outro: aquilo de que se precisa, enfim, é de uma teologia mais *teológica*[30]. Ao risco de um 'positivismo da revelação', que simplesmente salte sobre as exigên-

28. Cf. ibid., 22ss.

29. Ibid., 103.

30. Cf. B. FORTE, "Il primo ingresso della storia: il primato dell'Oggetto puro", in *Cristologie del Novecento*, op. cit., 13ss.

cias do sujeito humano, Bultmann opôs com não menos razão o projeto de uma interpretação existencial que aponte para o encontro entre o homem vivo e o Deus vivo, levando até o extremo a exigência de uma *reviravolta antropológica* da teologia cristã[31]. Entre essas duas almas, cujo risco extremo é, respèctivamente, o de celebrar a glória de Deus à custa da morte do homem ou o de celebrar a glória do homem à custa da morte de Deus, a teologia procurou uma síntese mais alta: na comum rejeição do *Deus mortuus* da razão liberal e do *Deus otiosus* da escolástica decadente, a parábola do século XX teológico foi se abrindo a uma teologia do relato e da analogia, voltada a evocar o indizível no respeito de sua inefabilidade e ao mesmo tempo a se ocupar com os não-acabamentos e com as expectativas produzidas pela razão moderna e pelas aventuras da diferença.

Com respeito ao Iluminismo, essa teologia oferecer-se-ia como um pensamento fraco, que renuncia de início à totalidade onicompreensiva de um sistema produzido pela razão emancipadora; com respeito ao pós-moderno, ela afirma a necessidade do indizível Pressuposto, do qual se aproxima com 'temor e tremor' na companhia da tradição que relembra e narra a fé e ao qual se abre segundo uma 'analogia do advento', respeitosa da ulterioridade do Mistério. A essa teologia, para que seja significativa e libertadora, não se pede que diga tudo ou que explique tudo: se o fizesse seria um outro produto da ideologia moderna. A ela nem sequer se pede que fique calada, caindo na insignificância. O que se lhe pede é

31. Sobre Bultmann, cf. ibid., 105ss.

que lembre a Origem, fazendo sua memória segundo os santos relatos da fé; pede-se-lhe que indique a Pátria, entrevista na promessa, mas não ainda possuída; pede-se-lhe que perturbe o presente, denunciando seus ídolos totalizadores, mas também as quedas no negativo sem esperança. Pede-se a essa teologia que fale de Deus como humilde serva e não como patroa, que tenda para Ele como peregrina para a luz, guiada pela estrela da redenção aparecida na noite do tempo, sem seduções de cumprimento e de posse. Pede-se-lhe que esteja, como a Igreja toda deveria estar, "em união com o Crucificado, o evento da queda dos deuses"[32].

Com respeito à sede de totalidade da razão moderna, pede-se-lhe que prove antes de mais nada "a mais sintética definição da religião: 'interrupção'"[33]. Não se lhe pede que violente a liberdade com provas de força: "Uma lenda rabínica conta a história de um rio em terras distantes, um rio tão piedoso que durante o sábado parava de correr. Se em lugar do Meno através de Frankfurt corresse esse tal rio, sem dúvida todos os judeus de Frankfurt observariam escrupulosamente o sábado. Mas Deus não realiza esses sinais. Ele tem nítido horror da inevitável conseqüência; e nesse caso justamente os menos livres, os timoratos e os mesquinhos tornar-se-iam os 'mais piedosos'. E, sabemos, Deus quer para si apenas homens livres"[34]. À teologia nem sequer se pede que esteja segura de si: nada separa o homem tão profundamente de

32. K. RAHNER, *Ignazio di Loyola*, Paoline, Roma 1979,14.
33. B. METZ, *La fede, nella storia e nella società*, op. cit., 166.
34. F. ROSENZWEIG, *La stella della redenzione*, op. cit., 286.

Deus quanto uma presunçosa segurança de si. Diante da nostalgia do Pressuposto, parece delinear-se a exigência de uma teologia que conte, que fale de Deus, narrando o amor que nos foi exposto em Jesus Cristo, e que pense esse amor maior na discrição da analogia: uma teologia não-ideológica, humilde, lembrada do provérbio hebraico: "O homem pensa, Deus ri", e por isso, atenta em pensar o que basta para suscitar nEle apenas um sorriso; uma teologia alimentada de contemplação e de fé partilhada, partícipe da comunhão do povo de Deus no tempo e lembrada do cotidiano dever de confessar o Eterno, contando as maravilhas que Ele próprio quis contar para nós na história...

4

O humanismo cristão e os cenários do tempo

Nos umbrais do terceiro milênio, reemerge com vigor a pergunta sobre o homem: ela volta a se impor a partir da infinita história do sofrimento e do desejo indelével de cada um e das massas de dar sentido e valor à vida e à história comum. Se alguém pensasse que com o ocaso das ideologias se exauriu a carga de esperança utópica e de expectativa revolucionária a que elas tinham pretensão de dar corpo e voz enganar-se-ia perigosamente. Superadas as respostas presunçosas e totais, o problema que é o 'homem' continua em toda a sua dramática urgência. A novidade com que hoje se estabelece está em seu apresentar-se 'entre os tempos', entre o declínio de uma antropologia que celebrará o triunfo do sujeito histórico e a aparente alternativa de uma concepção do homem amadurecida na prova da negação, renunciatória diante de todo fundamento. Se a primeira interpretação — que se caracteriza como 'antropologia do domínio da identidade', porque construída em torno da afirmação do protagonismo absoluto do sujeito histórico — encontrara na ideologia moderna sua formulação completa, a segunda se expressou nos mais diversos riachos da inquietação e do incômodo como uma espécie de 'antropologia à prova da diferença', inspirada pela recusa programática de todo domínio tranqüilizador da razão em nome da penetrante incumbência do nada. É entre esses dois modos de responder à pergunta antropológica que se apresenta — na distância de ambos — a descoberta da tradição judeu-cristã, caracterizada por uma visão do homem que se move no encontro entre a identidade do sujeito histórico e seu limite transcendente, entre o protagonismo do homem e a diferença que o mede e o supera. Nessa concepção, o mundo fechado da razão totalizadora abre-se às surpresas da Transcendência, a qual vem armar sua tenda entre os homens. Semelhante antropologia — fundamentada no testemunho bíblico e na tradição do pensamento, a qual, na história, nela se inspirou — está duplamente na fronteira, não só porque se põe como alternativa tanto à ideologia moderna como ao niilismo pós-moderno, mas também — e mais profundamente — porque pensa o homem entre identidade e diferença, na proclamação — sempre escandalosa e irredutível aos cálculos da razão totalizadora ou do pensamento fraco — de um humanismo que é 'novo' justamente no convite dirigido aos habitantes do tempo a participar da novidade do Eterno[1].

1. Apresentei as linhas dessa antropologia em *L'eternità nel tempo. Saggio di antropologia ed etica sacramentale*, San Paolo, Cinisello Balsamo (Mi) 1999[2].

4.1. A antropologia do domínio da identidade: a ideologia moderna

Jamais o homem — considerado na sua razão como expressão adequada da totalidade do real — foi tão altamente celebrado como na antropologia hegeliana, inspiradora da ideologia moderna em todas as suas formas. Nela se delineia o triunfo báquico da identidade do sujeito, entendido como fenomenologia do processo total do espírito: "O Eu ou o devir em geral, esse ato de mediar, em virtude da sua simplicidade, é precisamente a imediação que está em vias de vir a ser, bem como o próprio imediato... Desse modo, o verdadeiro é o triunfo báquico em que não há membro que não seja ébrio"[2]. O ato da razão é o autoconstituir-se plenamente saciador da verdade, o lugar em que o verdadeiro como um todo se autocompreende numa identificação total de real e ideal, de história e de Absoluto: "O Deus de Hegel é o Deus *humanus*, o *humanum*, como consegue se tornar manifesto em sua amplitude e em sua profundidade"[3]. A esquerda hegeliana apreenderá nessa exaltação do homem no processo do devir total o fundamento especulativo da dialética com que ela lerá materialisticamente a história: "O que há de grande na *Fenomenologia* hegeliana... é que Hegel entende a autoprodução do homem como um processo..., que entende, pois, a essência

2. G. W. F. HEGEL, *Fenomenologia dello spirito*, trad. de E. De Negri, La Nuova Italia, Florença 1973, 16 e 38 [ed. br.: *Fenomenologia do Espírito*, Vozes, Petrópolis, 2 vols., 2001].

3. E. BLOCH, *Soggetto-Oggetto. Commento a Hegel*, Il Mulino, Bolonha 1975, 337.

do *trabalho* e concebe o homem objetivo, o homem verdadeiro porque real, como resultado do seu *próprio trabalho*"[4]. O mérito de Hegel seria, portanto, o de ter posto totalmente o devir na mente e nas mãos do homem, libertando o sujeito histórico de toda hipoteca transcendente e responsabilizando-o até o fim como único artífice do próprio destino.

O triunfo do sujeito e do ato da razão parece assegurado em todas as frentes. Todavia, é precisamente aqui que se delineia o risco e o não-acabamento da concepção do homem, que de Hegel passa para a ideologia moderna em todas as suas formas, de direita e de esquerda. Por demais ambicioso é o projeto de um pensamento que resolva em si sem resíduos a instável fluidez da vida: o abraço total se converte em aprisionamento; a identidade triunfante se torna prisão. O homem pensado na completude do sistema é tão 'totalmente' compreendido, que é condenado a se tornar eternamente o que é, numa repetição do idêntico, que desejaria exorcizar a dor, mas que na realidade anula toda possível novidade e esperança. Se se vence o negativo, porque reduzido a momento necessário do processo, destinado a ser infalivelmente superado, esvazia-se o positivo: onde tudo retorna, não há mais surpresa e nada realmente fica por esperar. Um tédio cinzento ofuscará todo o horizonte. É, aliás, o que aconteceu em toda a parte em que a ideologia, fruto da presunção totalizadora da razão moderna, quis se impor à história: o 'homem programado' — que deveria ter sido libertado da cisão da 'consciência infeliz' —

4. G. LUKÁCS, *Il giovane Hegel e i problemi della società capitalistica*, Einaudi, Turim 1975, 22.

viu a laceração instalar-se na sua consciência justamente por causa da subordinação que escraviza ao domínio do ideal imposto à vida. Temos aqui o dramático reverso ético de uma antropologia da identidade absoluta: pretendendo explicar tudo e mudar o mundo de maneira conseqüente com a explicação total, a ideologia força a realidade, que se lhe apresenta obtusa e resistente. A ambição de totalidade torna-se totalitarismo. A violência lhe pertence constitutivamente: onde se tira a diferença, o poder da identidade é absoluto e brutal. É aqui que a memória da Transcendência pode constituir a evocação permanentemente crítica contra toda alienação, mostrando como à 'má' e aprisionadora identidade pode se opor significativamente apenas uma salutar diferença, experimentada no advento e no acolhimento do Outro...

4.2. A ANTROPOLOGIA DA DIFERENÇA IRREDIMÍVEL: O NIILISMO

A impaciência em relação ao totalitarismo da razão moderna não tardará a se manifestar na consciência européia: do tardio Schelling, que reivindica contra a necessidade lógica do devir absoluto os direitos da liberdade, à apologia do indivíduo, em Kierkegaard; da denúncia da morte de Deus, em Nietzsche, à descoberta do Totalmente Outro e da "infinita diferença qualitativa" entre Deus e o mundo, em Barth; do pensamento judaico, rigorosamente aberto à Transcendência, de Martin Buber e Franz Rosenzweig, ao existencialismo, com seu retorno à vivência, é tudo um coro de diversas vozes, com freqüência alternativas entre si, que convergem, porém, na urgência de reagir à prisão sufocante do triunfo da razão absoluta. Pode-se considerar a concepção antropológica de Jean-Paul Sartre um exemplo emblemático e extremo dessa reação: contrapondo à onipresença do real, idealmente atingido na identidade do sujeito presente a si mesmo, a perturbadora insídia do nada, que ata todas as coisas, ela se abre ao desafio da diferença. *L'Etre et le Néant*[5], em chave decisivamente antiidealista, descreve o ser do fenômeno como um 'em-si', opaco, maciço, brutalmente contraposto à criatividade e à autonomia do ser 'para-si' da consciência. O que liga o peso do fenômeno à leveza da consciência? que comunicação pode haver entre o em-si, maciço e opaco, e o para-si relacional da presença a si mesmo?

É na resposta a essas interrogações que Sartre introduz a figura do nada: o nada é constitutivo do para-si, habita-o por dentro, mostrando-se à consciência como a experiência do não-ser radical, que ela faz continuamente no seu próprio ser e agir, concretamente vivido como exercício de liberdade. O nada não apenas enfaixa o homem por todos os lados, como fica dentro dele, está no início e no fim de cada um de seus atos, é o percurso obrigatório de suas escolhas livres. Por isso, o nada é gerado pelo homem e o gera e, por isso, a liberdade — que exige o nada como sua condição — é condenação e angústia: "A liberdade é limite a si mesma. Ser livre significa ser condenado a ser livre"[6]. Habitado pelo nada, o

5. J.-P. SARTRE, *L'Etre et le Néant. Essai d'ontologie phénoménologique*, Gallimard, Paris 1943 [ed. br.: *O ser e o nada*, Vozes, Petrópolis 2001].

6. Id., ibid., 179.

homem não tem nenhuma densidade ontológica, está absolutamente infundado e vive, por isso, a sua liberdade com a radical má-fé de quem representa todos os papéis que de tanto em tanto se atribui para se dar uma aparência de solidez, mentindo a si mesmo e sabendo estar mentindo. O homem é máscara consciente, consciência partida que tem a ilusão de governar a cisão ao exercer de maneira absoluta a liberdade, mas na realidade é lançada na liberdade e condenada a ela e não pode fazer senão procurar escapar ao nada, dando-se uma aparência, que não anula o nada, mas o esconde apenas, sabendo que o está escondendo. Não há âncoras de salvação nem metas que se mantenham, embora a consciência exercite a imaginação para criar objetos do desejo, 'valores', puro não-ser, apetecíveis precisamente porque irreais.

A relação com outros é igualmente negada: sob a violência do olhar o outro se apresenta ao sujeito como sua negação, limite da própria liberdade, ameaça da própria posse. Eis por que toda relação com os outros é conflito e incomunicabilidade, incapacidade de atravessar o nada que habita em ambos e que se manifesta numa série infinita de negações recíprocas e de antagonismos. O triunfo do nada se estende até abarcar todo o mundo das relações humanas e das relações com as coisas. O único liame que Sartre conseguiu atingir entre o ser em-si e o ser para-si é a negação, o resolver e o precipitar de tudo no nada de que provém, em que está, de que vive, em que se aprofunda. A consciência terá um belo fatigar-se no exercício da liberdade a que é condenada: a representação acabará, a máscara cairá, somente o nada terá vencido tudo. Por isso, "o homem é uma paixão inútil"[7] e no fundo é "a mesma coisa embriagar-se na solidão ou conduzir os povos": antes, no domínio final do nada, "o quietismo do ébrio solitário vencerá a inútil agitação do condutor de povos"[8].

O triunfo do niilismo mostra-se total, justificado pela vontade de negar até o fim a presunção idealista de totalidade e avalizado historicamente pela recusa da jactância ideológica, produtora de grandes barbaridades. Ele se exprimirá nas variadas expressões da chamada 'pós-modernidade', inspiradas num 'pensamento fraco', que renuncia de início ao ser e ao fundamento, para afirmar a condição universal de queda livre em direção ao nada[9]. À antropologia presunçosa das ideologias opor-se-á uma antropologia da contaminação — ou da ausência de todo valor —, da fruição imediata e da inexorável frustração do existir. Mesmo assim, porém, o triunfo do nada se alia ao triunfo da identidade: um e outro resolvem finalmente toda alteridade, com a única diferença de que o projeto niilista faz da negação o registro unificante da realidade total. O todo abarcado pela razão ideológica cai agora sob o domínio absoluto do nada. No plano ético, à violência induzida pelo totalitarismo da idéia corresponde a trágica solidão do homem incapaz de comunicar e de amar: se o homem da ideologia é afinal artífice da própria prisão, o homem consumido pelo nada não é menos alienado de si. É e continua "uma paixão inútil"...

7. Id., ibid., 738.

8. Id., ibid., 752.

9. Cf. VV.AA. *Il pensiero debole*, Feltrinelli, Milão 1983.

4.3. A antropologia da eternidade no tempo: o 'novo humanismo' cristão

Entre o triunfo da identidade próprio das visões ideológicas e a apologia da diferença, resolvida no domínio onicompreensivo do nada, a causa da pessoa exige que se procure uma via diferente, capaz de escapar tanto à sedução do pensamento solar como à fascinação da vitória final das trevas. É a tradição judeu-cristã que oferece a possibilidade dessa concepção do homem, fruto do encontro entre identidade e diferença: o Absoluto entra na história e a redime, embora permanecendo outro e soberano com relação a ela, a Glória se anuncia aos dias dos homens, abrindo-os ao dom da vida eterna, a aliança une Deus ao homem e o homem a Deus. É a antropologia da *eternidade no tempo*. Ela se reporta de maneira articulada e complexa às visões do homem, cujo êxito niilista foi mostrado. Com respeito à ideologia, põe-se de maneira necessariamente crítica: o sentido da absoluta transcendência de Deus e de seu senhorio sobre a história opõe-se a toda acentuação indevida das possibilidades do sujeito humano. O homem está diante do Eterno como criatura — totalmente limitada e contingente — diante do Criador: "Quem é o homem, para que nele penses, e o ser humano, para que dele te ocupes?" (Sl 8,5). Todavia, a concepção judeu-cristã não nega a instância positiva da antropologia da identidade, ou seja, a celebração da infinita dignidade do sujeito histórico: contudo, "tu o colocaste um pouco abaixo dos anjos, tu o coroas de glória e de esplendor, tu o fazes reinar sobre as obras de tuas mãos; tudo submeteste a seus pés" (Sl 8,6s.).

É tal o valor da criatura humana que, por amor dela, Deus não hesita em realizar o gesto do dom total, não dedutível e até escandaloso: Deus "amou tanto o mundo que deu o seu Filho, o seu único" (Jo 3,16; cf. Rm 8,32 e 2Cor 5,21).

Por essa mesma afirmação da infinita dignidade do homem a antropologia bíblica recusa toda concepção niilista do ser humano: chamado à aliança com o Eterno, o homem é artífice do próprio destino em comunhão com os outros, capaz de amar e de ser amado num autêntico êxodo de si sem retorno e num não menos autêntico acolhimento do outro. Somente assim é concebível o mandamento do amor, preparado nos mandamentos da Lei antiga e que se tornou possível em plenitude na nova aliança: "Amarás o Senhor teu Deus de todo o teu coração, com toda a tua alma e com todo o teu pensamento. Eis o grande, o primeiro mandamento. Um segundo é igualmente importante: Amarás o teu próximo como a ti mesmo. Desses dois mandamentos dependem toda a Lei e os Profetas" (Mt 22,37-40; cf. Dt 6,5 e Lv 19,18; cf. também Jo 15,12-15). Todavia, o pensamento judeu-cristão assume também o conteúdo de verdade da antropologia niilista, ou seja, o sentido da dramaticidade da existência e da permanente insídia da angústia e do nada. A história de Jó revela que o Deus bíblico aposta no homem e em sua capacidade de resistir e suportar também sob o peso da imensa tragédia que muitas vezes a vida é. E o Deus encarnado chama o homem a seu seguimento pela via obscura e perturbadora da cruz: "Se alguém quer vir em meu seguimento, renuncie a si mesmo, tome a sua cruz e siga-me. Pois quem quiser salvar a sua vida perdê-la-á; mas quem perder a sua vida por causa de mim e do Evangelho salvá-la-á" (Mc 8,34s.).

A distância e a proximidade da concepção judeu-cristã em relação à antropologia da identidade total e à da diferença niilista remetem a uma mais alta e profunda diversidade: a relação que a fé afirma entre o mundo do sujeito histórico e o da Alteridade absoluta, que entrou na história, é ao mesmo tempo assimétrica e dialética. A relação é assimétrica porque, se na concepção bíblica a identidade se manifesta como êxodo humano, a diferença se apresenta como advento divino. Entre os dois pólos não há medida comum, nem de proporcionalidade: *nulla proportio finiti ad infinitum!* O Deus que vem é incomensuravelmente outro e soberano com relação ao homem, que é e continua sua criatura. Justo por isso, porém, a idéia bíblica do protagonista humano da aliança é a de uma antropologia da liberdade. Abrir-se ao advento significa para o sujeito histórico ir ao encontro do não-dedutível e do novo, debruçando-se sobre a impossível possibilidade do Eterno: isso quer dizer conhecer a única e possível liberdade da necessidade férrea da idéia, bem como da angustiante insídia do nada. Longe de fazer concorrência à criatura, a transcendência do Deus vivo constitui a condição de possibilidade de sua liberdade e, por isso, fundamenta sua autêntica dignidade. Diante de Deus e com Ele, o homem decide, pondo-se no horizonte do tempo e da eternidade. A aliança — categoria central da fé judeu-cristã — apresenta-se como o mistério da eternidade no tempo, do advento que se cumpre no êxodo e do êxodo que se abre às insondáveis possibilidades oferecidas ao protagonista humano da história pelo Senhor dela.

A relação entre identidade e diferença, revelada no mistério da aliança, é também dialética: isso quer dizer que os dois pólos não se anulam reciprocamente, como acontece na antropologia do triunfo da identidade ou na do domínio do nada, mas se sustentam mutuamente, embora em infinita distância e desigualdade, segundo um movimento de negação, de afirmação e de superação do tempo na eternidade. O Deus vivo nega o êxodo humano, pois contradiz qualquer possível fechamento seu: a presunção do parar ou do possuir-se estavelmente converte o instante em ato idolátrico. A impronunciabilidade do nome de Deus não apenas afirma a transcendência e a incompreensibilidade da essência divina, mas contradiz também toda suposta possibilidade para o homem de apreender o eterno, fundamentando o conseqüente dever de se reportar ao mistério em humildade, temor e tremor. Por sua vez, a forma negativa do mandamento mostra que o advento divino nega toda soberba afirmação de si por parte do sujeito histórico, tanto se vivida na direção do Eterno como se consumida na relação com os outros homens: "Não terás outros deuses diante de mim. Não farás para ti ídolos ou coisa alguma que tenha a forma de algo... Não pronunciarás o nome do Senhor, teu Deus... Não cometerás homicídio..." (Ex 20,3s.7.13). O advento enfim nega o êxodo que renuncie a ser tal e, na ilusão de se afirmar, se feche na prisão alienante da posse de si.

O advento do Eterno, porém, é também afirmação do êxodo: o tempo é revelado a si mesmo pela vinda de Deus na história como esplendor de eternidade, reflexo criado da vida incriada. Graças ao dom da revelação, que se realiza em eventos e palavras intimamente ligados, o advento vem habitar no tempo do êxodo e o manifesta como capaz de aliança, digno da infinita dignidade de hospedar o Eterno: se o Deus bíblico se dirige ao homem e o chama à aliança consigo é porque o fez originariamente capaz desse pacto, destinando-o livremente à comunhão consigo ("*homo capax Dei*"). A verdadeira consistência da criatura está então na sua existência, ou seja, na sua capacidade de estar fora (*ex-sistere*) e ir-para, de abrir-se ao Outro e de o hospedar em si. Não a incomunicabilidade do em-si e do para-si, mas a sua comunicação na abertura contínua à Fonte criadora de seu ser é o destino do homem, segundo a antropologia bíblica: ser da transcendência, o homem é feito para amar e ser amado, para estabelecer relações de solidariedade e de comunhão não apenas com os outros seres humanos, mas também com toda a criação, que lhe é confiada como jardim a ser guardado, não só como campo da sua supremacia, porquanto ele é imagem da amorosa soberania divina (cf. Gn 2,15 e 1,28). Todavia, a raiz última dessa vocação a existir-para-os-outros ('pró-existência') é para o homem o seu vir de Deus e ser feito para a comunhão de vida com Ele na gratuidade da aliança: "Foi-te dado a conhecer, ó homem, o que é bom, o que o Senhor exige de ti: nada mais que respeitar o direito, amar a fidelidade, e aplicar-te a caminhar com teu Deus" (Mq 6,8).

Nesse jogo de negação e de afirmação delineia-se também a mais alta superação da condição de êxodo, que se realiza no acolhimento do dom divino: essa vida cheia e transbordante, essa realização da criatura para além de todo pressuposto e de toda espera pelo dom gratuito da autocomunicação de Deus é o mistério da eternidade no tempo, a 'vida eterna' já prelibada agora. É a vitória sobre a resistência do pecado, mas também a conseqüente liberdade da criatura feita participante da condição filial, a originalidade e a criatividade da vida nova no Espírito e a antecipação do *éschaton*. No encontro entre êxodo e advento, celebrado na aliança, a eternidade entra no tempo e o tempo preliba os frutos da eternidade (cf. Gl 5,22). Pensar na radicalidade desse encontro, na não menos radical consciência da distância que separa o céu da terra, é a missão da antropologia que, na fidelidade à tradição judeu-cristã, queira se propor como alternativa às visões do homem próprias da razão totalizadora e do niilismo sem esperança: construída a partir do gratuito e surpreendente advento do Eterno no tempo, ela se caracteriza como pura e fortemente 'teológica'.

Seu enraizamento último será a cristologia, porque é nela que o homem se mostra revelado a si mesmo na relação mais autêntica entre identidade e diferença, como se realizou no único em quem o céu e a terra se encontraram sem por isso se confundirem: Jesus Cristo. Nele — o Verbo encarnado, que "trabalhou com mãos de homem, pensou com mente de homem, agiu com vontade de homem, amou com coração de homem" — "o mistério do homem encontra verdadeira luz"[10]. É a partir dEle que o pensamento humano se abre para reconhecer a centralidade da pessoa humana e sua irredutível dignidade, como medida da autenticidade de todo compromisso com o homem e com a comunidade dos homens. É ele que une os sinais da realeza aos do sofrimento, coroado como

10. CONCÍLIO VATICANO II, constituição pastoral sobre a Igreja no mundo contemporâneo, *Gaudium et spes*, 22.

está por uma coroa de espinhos, figura emblemática do homem feito para o encontro da eternidade com o tempo. Vendo-o assim, o procurador romano — que lhe perguntara: "O que é a verdade?", recebendo como resposta nada além da silenciosa presença — pode dizer: "Eis o homem!" (Jo 19,5). Perscrutar a profundidade dessa afirmação é a missão de semelhante antropologia teológica, que une a visão do homem em seu ser de criatura diante de Deus à interpretação do encontro que as missões do Filho e do Espírito tornaram possível entre a eternidade e o tempo.

Essa antropologia teológica apresenta-se ao mesmo tempo como uma *ética* fundamental: mostrando a morada última do ser pessoal no mistério da Trindade divina, ela fundamenta também o comportamento responsável do sujeito histórico, o costume de seu agir, porquanto inserido no tecido das relações do Deus vivo (vê-se aqui a inseparabilidade dos dois sentidos da ética, entendidos a partir da dupla e possível etimologia da palavra, a ética como 'comportamento', ἔθος, a ética como morada, ἦθος). A separação entre a verdade do dogma e a reflexão moral foi causa de uma dupla conseqüência negativa: de uma parte, a verdade pareceu privada de beleza e de incisividade prática; de outra, o agir moral foi lido na quebra dos atos particulares e na abstrata exemplaridade dos casos, perdendo de vista o horizonte unificador da morada e da pátria últimas. Pensar a antropologia em forma teológica, segundo o testemunho da tradição judeu-cristã, significa, porém, fundamentar o agir sobre o ser, a ética sobre o dogma e mostrar assim ao mesmo tempo o esplendor da verdade que salva e a profundidade do chamado e da motivação moral: "A ética pertence à doutrina sobre Deus, porque o Deus que pretende o homem para si, justamente nisso se faz responsável por ele de maneira originária. A função da ética consiste na atestação fundamental da graça de Deus, porquanto ela é vínculo e obrigação salvífica para o homem"[11].

Essa antropologia teológica — fundamento de um *éthos* plenamente responsável e motivado e ao mesmo tempo fruto da livre graça do Deus vivo — apresenta-se enfim como *sacramental*: construída no mistério do advento da eternidade no tempo, ela está ligada às mediações históricas escolhidas pela iniciativa gratuita do amor divino para se comunicar ao homem. Essas mediações constituem em seu complexo a 'economia sacramental', que abraça o Verbo encarnado, sacramento de Deus, a Igreja, sacramento de Cristo, e os sinais eficazes da nova aliança, os sacramentos da Igreja. O agir, que resulta da transformação do ser pessoal operada pela graça por meio da Palavra de Deus e dos eventos sacramentais, manifesta a novidade de vida, que o advento produz no êxodo da condição humana: delineia-se assim um '*éthos* sacramental', que é o comportamento dos homens novos, que se tornaram tais pela participação da vida trinitária e, por isso, capazes de cantar com a vida o 'cântico novo'. *Novi novum canamus canticum!* Apresentar com fidelidade essa antropologia como proposta alternativa à alienação da razão totalizadora e à queda niilista é a contribuição que o pensamento da fé tem a dar à tomada de consciência e ao crescimento dos 'homens novos', para que seu 'cântico' de vida e de esperança não falte à história...

11. K. BARTH, *Die kirchliche Dogmatik*, II/1, ETV, Zurique 1942, 564.

4.4. O HUMANISMO CRISTÃO ENTRE DIÁLOGO E ANÚNCIO

A proposta do humanismo cristão nos umbrais do terceiro milênio encontra-se, pois, com modelos diversos de humanismo, que inspiram tanto opções especulativas como comportamentos práticos e estilos de vida: neles se refletem de modo variado os cenários das antropologias que foram descritas. Um primeiro modelo é próprio de uma cultura aberta não apenas à transcendência, mas também ao reconhecimento dela numa revelação histórica: trata-se do 'humanismo religioso', que reconhece no Mistério último e transcendente a verdadeira destinação do homem e inspira a ela os comportamentos pessoais e coletivos. As religiões se oferecem nessa luz como possível expressão autêntica da autotranscendência do homem para o Mistério santo; a decisão livre de abertura e de acolhimento da Transcendência, onde quer que se realize, é condição de possibilidade do encontro com o Deus vivo e constitui o fator subjetivo que pode tornar autêntica toda experiência religiosa e que deve ser sempre reconhecido e respeitado em qualquer procura do divino e em todas as religiões históricas. Todavia, é possível reconhecer nas grandes religiões formas do advento divino, embora não devam ser jamais subestimados nem seu caráter parcial nem a eventual mistura com resistências e até contradições com respeito à boa nova.

Há, depois, uma segunda forma de humanismo que poderia ser caracterizado como a que estabelece as perguntas radicais e está aberta às questões últimas, mas não se reconhece conjugada a uma explícita opção de fé: são vários os pensadores que se movem nessa direção, não apenas entre os grandes do século XX, mas também entre as gerações protagonistas do 'naufrágio com espectador', que é a passagem do moderno para o pós-moderno, segundo a eficaz metáfora de Hans Blumenberg. Não é difícil notar como cresceu nos últimos anos o interesse pela questão de Deus e pelo sentido último da existência humana. Os pensadores que exprimem de maneira mais intensa essa exigência mostram-se particularmente sensíveis ao diálogo com a fé atenta e com a teologia, quando elas souberem lhes mostrar que a verdade da revelação não é a concorrente ou a adversária da pesquisa filosófica aberta à estupefação da transcendência, mas a aliada e a promotora dela. Nesse âmbito, põem-se as possibilidades mais amplas para um aprofundamento do diálogo e da pesquisa comum.

Um terceiro modelo de humanismo (ou — como talvez melhor se diria — de 'anti-humanismo' ou de 'humanismo negativo') constitui-se pelo chamado 'pensamento fraco', ou seja, pelo pensamento que preconceituosamente se fecha à possibilidade da transcendência e às perguntas que lhe dizem respeito. É a forma cultural que não reconhece nenhuma força à razão humana em referência à possibilidade de se transcender para uma verdade objetiva. Certamente, a proposta cristã põe-se como crítica e problemática em relação a esse pensamento, e o faz obrigatoriamente porque um pensamento que negue de início a possibilidade de uma verdade objetiva e de um movimento de transcendência para com ela condena o homem a uma espécie de 'solipsismo', à solidão que faz da própria sociedade humana nada mais que uma "multidão de solidões", como freqüentemente acontece nos cenários do niilismo pós-moderno. A respeito desse modelo, a reflexão inspirada na fé é sobretudo desafio a reconhecer o próprio limite e a transcendê-lo: não raramente ele poderá significar evidenciar no pensamento da fraqueza os riscos de um autêntica fraqueza do pensamento. Também nesse caso, porém, a fé atenta deve se pôr como uma aposta no homem e como um testemunho a favor da altíssima dignidade da razão e das possibilidades que lhe são dadas de procura e de chegada à Verdade, bem como de decisão por ela.

Em relação a essa variedade de interlocutores, a proposta cristã — fundada na convicção de que Cristo é a plena revelação do ser humano e da sua altíssima vocação — oferece-se como um *novo humanismo* justamente em virtude da sua capacidade de suscitar novidade de vida no acolhimento do dom 'do alto'. Tal humanismo deve ser reproposto aos próprios discípulos do Salvador, a quem é solicitada uma perene novidade de vida, e com eles aos crentes de outras crenças, aos não-crentes que estão à procura, aos indiferentes. Em relação a todos eles, o que se pede é um estilo de anúncio feito de presença irradiante na fé e na caridade que suscite o amor maior sem violentar o coração do homem, jamais separado, porém, de uma confissão nítida e explícita da singularidade de Jesus Cristo e da salvação nEle oferecida.

Em relação aos *crentes em Cristo* — muitas vezes caracterizados por formas de frágil pertença à mensagem ou de real ignorância dela —, a Igreja do novo milênio deverá se apresentar cada vez mais como a comunidade do Evangelho testemunhado com a vida como forma suprema de realização humana. A proposta do humanismo cristão assume aqui também uma importância ecumênica específica (acentuada pelo recente consenso luterano-católico sobre a justificação, subscrito em Augsburgo, em 31 de outubro de 1999). Superada a falsa alternativa que se delineou nos anos do pós-concílio entre identidade e relevância, muitas vezes entendida como separação ou até contraposição entre 'ortodoxia' e 'ortopráxis', é importante que se perceba a força irradiante da verdade salvífica (*veritatis splendor*) e a carga de verdade da caridade vivida: tanto mais se poderá fazer isso quanto mais se perceber a intrínseca beleza da existência redimida, ou seja, a força persuasiva que nasce da conjunção de verdadeiro e de bem numa vida dedicada aos outros, testemunha humilde e fiel do "belo Pastor" (Jo 10,11). É preciso desenvolver uma espécie de nova 'filocalia', que mostre que Cristo é não apenas verdade e bondade, mas também beleza e que, portanto, o seguimento dEle é via de plena realização para o coração humano.

A beleza do humanismo cristão deve ser proposta também a todos os que não crêem em Cristo, sem reduções ou parcialidades, em sua irredutível originalidade: exige-o a própria dedicação à causa do homem. Em relação aos *seguidores de outras crenças,* isso deverá acontecer na consciência humilde e profunda da superabundância do mistério divino com relação à própria mediação histórica da Palavra feita carne: será precisamente essa consciência que levará os que crêem em Cristo a reconhecer o valor salvífico que pode se encontrar na experiência religiosa das outras crenças sem renunciar à confissão da singularidade do Redentor. Sem cair no 'pluralismo relativista', que esvazia a novidade e o escândalo da Cruz, poder-se-á assim superar qualquer forma de 'exclusivismo' que recuse aos outros mundos religiosos toda significação em referência ao conhecimento de Deus e à salvação, para se inspirar num 'inclusivismo' que não apenas reconheça os valores presentes nas outras religiões à luz do critério cristológico, mas admita que as religiões podem ter em si mesmas um valor de mediação salvífica, realizada em plenitude no cristianismo, mas nem por isso ausente em outra parte. Facilmente se intui quão importante é esse 'inclusivismo' cristológico e trinitário para a Igreja que opera em situações multiculturais, pluriétnicas e multirreligiosas cada vez mais difusas. Ele fundamenta uma atitude de autêntica atenção aos valores presentes no outro e, portanto, de sincero diálogo, inseparável, porém, da proclamação da verdade salvífica sobre o homem, oferecida no Senhor Jesus.

Em relação aos *não-crentes*, o anúncio do humanismo cristão se põe em níveis diferentes, segundo o interlocutor: com o não-crente atento, que sofre a ausência de Deus como falta, um encontro profundo, não extrínseco, torna-se possível. Esse encontro exige honestidade intelectual, coragem e amor pela verdade a toda prova e deve intencionalmente evitar tanto o cômodo recurso a definições pré-constituídas do outro ou a tapumes defensivos muitas vezes difíceis de derrubar, como o irenismo superficial que quer a todo custo encontrar pontos de concórdia, mesmo onde um olhar atento e sincero não os pode ver. Mesmo assim, porém, o diálogo com os não-crentes que estão à procura pode estimular nos discípulos de Cristo a vigilância da fé e torná-los mais humildes e ativos na busca diante dAquele a quem se entregam no amor e na fé. Ele reconhece que, como *viator*, o crente jamais é alguém que chegou, mas é sempre de certo modo um ateu que se esforça cada dia por começar a crer e que, por isso, tem necessidade de buscar sempre de novo luz e vida nas fontes da graça. É diferente, porém, a relação com o 'indiferente': mais que dar respostas, tratar-se-á aqui de suscitar as perguntas escondidas ou sepultadas, de modo que depois seja o coração mesmo da pessoa que se encaminhe para o Mistério. O testemunho autêntico do crente pode se pôr nesse caso como escândalo, pedra de tropeço que dá o que pensar: não dispensa de certezas fáceis, ou de perguntas que não arranham fundo, mas vizinhança respeitosa e ao mesmo tempo inquietante, desafio a se perturbar e a escutar as interrogações do coração inquieto.

Na proposta do novo humanismo revelado em Cristo uma atenção particular merece, em relação a todos os destinatários lembrados, *a linguagem da beleza* e, portanto, a valorização da arte como via de evangelização acessível a todos. Segundo a grande tradição cristã, é belo o oferecer-se do Todo no fragmento, o evento de uma doação que supera a infinita distância. Tomás de Aquino — na aula da revelação cristológica (cf. *Summa Theol.* I q. 39 a. 8c) — esclarece que o infinito pode habitar no que é mínimo ou mediante a proporção da forma, que reproduza a harmonia do Todo — evocação dos 'números do céu'! —, ou mediante o esplendor, pelo qual o Todo irradia no fragmento por via de irrupção e de arrebatamento. Nesse caso, a beleza se apresenta como um movimento do alto, inseparável do que surge do íntimo e pelo qual se fecha uma janela para o ilimitado, de tal modo que o mínimo apareça como *kénosis* ou 'abreviação' da eternidade no tempo, do infinito no finito. Essas duas possibilidades realizaram-se respectivamente na concepção clássica da beleza como harmonia e proporção e na do belo como irrupção e transgressão, que encontra justamente no humanismo revelado no amor crucificado sua mais plena expressão. Uma educação à linguagem da beleza que nos torne capazes de entender as possibilidades fecundas da experiência estética para o crescimento da pessoa humana segundo o desígnio de Deus apresenta-se hoje como uma via privilegiada aberta à proposta do humanismo cristão, considerada também a extraordinária riqueza da produção artística ligada à experiência cristã do sagrado.

A proposta de um novo humanismo é em todo caso inseparável dos comportamentos que ele requer: ela se une inseparavelmente à *pergunta ética,* porque o reconhecimento do horizonte em que se opera qualifica necessariamente as escolhas do agir concreto. Nesse plano não é difícil reconhecer nas sociedades complexas de nosso tempo uma condição de desânimo dos horizontes últimos e fundadores e até de desconfiança nas possibilidades de que eles se dêem. Isso produz uma situação de dramático relativismo moral, de que nasce por contraste a exigência — reconhecida por muitos — de chegar a um novo consenso em torno das evidências éticas: grande é a necessidade de definir com clareza as razões do viver e do viver juntos e de se comprometer para o bem não em vista do resultado que dele se pode tirar, mas por força do bem em si mesmo, até como desafio e superação do debilismo ético que se seguiu à queda dos grande horizontes ideológicos. Delineia-se a urgência de encontrar a paixão pela verdade, o amor àquilo que valha a pena ser vivido para além de todo cálculo ou projeto medido apenas no horizonte penúltimo.

Ao humanismo cristão certamente não pode faltar a resposta fenomenológica, privilegiada por alguns, que tende a definir uma espécie de 'mínimo denominador comum' ético nas várias expressões do comportamento moral. Somente a 'heteronomia fundadora' pode oferecer um critério universal e objetivo à pergunta ética, e para a fé cristã ela se encontra em plenitude somente no horizonte de Deus e do Seu advento entre nós. O humanismo fundamentado em Cristo não teme propor a universalidade da imagem de homem segundo o desígnio do Deus Trindade e afirmar a plena correspondência com a autotranscendência do espírito humano. O encontro entre metafísica e ética, entre moral e dogmática delineia-se aqui como uma das maiores urgências dos tempos que nos é dado viver: "Um grande desafio que nos aguarda no final do milênio é o de saber realizar a passagem, tão necessária quanto urgente, do *fenômeno* ao *fundamento*. Não é possível parar só na experiência; mesmo quando ela exprime e torna manifesta a interioridade do homem e a sua espiritualidade, é necessário que a reflexão especulativa atinja a substância espiritual e o fundamento que a sustenta"[12]. Aos crentes, enfim, jamais será lícito relativizar sua referência à singularidade do humanismo revelado em Cristo, sob pena de perda da relevância que nasce precisamente da consciência humilde e forte da identidade da fé, passando ao testemunho cristão na história. Continua válida também nesse âmbito a admoestação profética expressa pelo Concílio Vaticano II: "Pode-se legitimamente pensar que o futuro da humanidade está confiado

12. Encíclica de JOÃO PAULO II, *Fides et ratio*, Edições Loyola, São Paulo 1999[7], n. 83.

às mãos dos que serão capazes de transmitir às gerações de amanhã razões de vida e de esperança"[13]. O que está em jogo é o futuro do mundo, a qualidade da vida para todos, a salvação, prelibada no tempo e definitivamente recebida na eternidade. A convicção humilde e intrépida do crente é que o futuro está nas mãos de Deus, mesmo no sentido de que somente a fé nEle e o testemunho dEle poderão fazer crescer a qualidade da vida para todos. Em Jesus Cristo está a esperança que não desilude. É no cristianismo — seguimento dEle na entrega do coração, na comunhão fraterna e no serviço da caridade — que se encontra protegido o futuro do mundo.

13. *Gaudium et spes*, 31.

5

Conclusão: rumo a qual cristianismo?

PARA onde vai o cristianismo? A pergunta feita no início é retomada no final do itinerário que percorremos para tentar, em vista de uma possível resposta, reunir os elementos que foram surgindo. No conflito das interpretações relativas aos cenários do século que se fechou retorna à teologia a urgente prioridade de falar de Deus, de O pôr no centro e no coração de sua busca e de seu testemunho. Segue-se daí também a possibilidade de indicar uma ordem de prioridade para a 'agenda' cristã no início do novo milênio.

5.1. OS CENÁRIOS DO TEMPO NO CONFLITO DAS INTERPRETAÇÕES

O século XX se prestou às mais diversas interpretações, muitas vezes conflitantes entre si. Mesmo sem entrar numa avaliação de caráter histórico, é significativo lembrar alguns dos grandes modelos de leitura do século agora findo, justamente pelas conseqüências que eles podem ter ao identificarem a tarefa presente e futura do testemunho vivido e refletido da fé cristã. Se algumas metáforas fortes vão na direção de uma avaliação negativa e até trágica desse tempo (como as de 'ocaso' e de 'naufrágio'), outras — como a categoria de 'decadência' — não ficam atrás, ao acentuar os aspectos dramáticos, incluídos até na fórmula de sucesso que define o século XX como o 'século breve'. A nota otimista ecoa, todavia, em algumas sínteses de fácil impacto, entre as quais especialmente a que reconhece na consumada democracia liberal, que agora se tornou possível pela queda das ideologias revolucionárias, nada menos que 'o fim da história'.

Oswald Spengler é o autor que lança muito cedo a metáfora do 'ocaso' para caracterizar a história do século XX[1]; a propósito de sua obra, notava Benedetto Croce que "o sucesso que esse livro teve na Alemanha... não pode deixar de causar grande preocupação nos que se interessam pelo destino do trabalho científico". Esse severo juízo, que se especifica nas acusações de "decadência", "diletantismo", "ignorância" e "inconsciência", culmina nas considerações proféticas de que tal visão "ameaça encontrar fácil e geral aceitação e produzir loucuras, fraquezas e prejuízos mentais e morais iguais aos que as teses do senhor Chamberlain produziram no tempo do pangermanismo"[2].

Nascida em contraposição à modernidade decadente, essa obra é na realidade seu extremo epígono, na forma mais

1. *Der Untergang des Abendlandes. Umrisse einer Morphologie der Weltgeschichte*, 2 vols., Beck, Munique 1918, 1922; nova ed. rev., 1923.

2. B. CROCE, in *La Critica* 18 (1920), 236-239.

deteriorada. Mesmo assim, porém, ela demonstra as tendências desagregadoras próprias do moderno e preludia o ocaso dos mitos totalizadores de que é porta-bandeira em oposição aos que são por ela considerados formas de decadência da modernidade ocidental. A mensagem de que é portadora parte da convicção da possibilidade de uma simbologia universal, como morfologia da história do mundo, que identifique um desenvolvimento orgânico, de ritmos análogos aos da natureza, feito de ciclos paralelos entre si, embora distantes no tempo. A necessidade interna do desenvolvimento orgânico está ligada por Spengler à idéia de destino ("*Schicksal*"), que responde não à lógica causal, própria da técnica e por isso da modernidade, mas à lógica trágica, orgânica, precisamente 'de destino'. Dessa lei do destino Spengler se sente naturalmente intérprete, capaz de identificar claramente as épocas da história do mundo, em seu desenvolvimento que vai da *Kultur*, ou civilização [*Civiltà*], à *Zivilisation*, ou ato de civilizar [*civilizzazione*]: a primeira é fase criativa, e a segunda, repetitiva e estéril. Segundo um ciclo milenar, as civilizações vivem inexoravelmente sua decadência para os atos de civilizar. É precisamente o que estaria acontecendo no século XX, século do ocaso do Ocidente: o moderno — civilização em vias de civilizar-se — chegou agora ao declínio; as duas almas do *Fausto*, a técnica e a trágica, polarizam-se com prejuízo da segunda. A lógica causal tende a esmagar o *a priori* do destino: a vontade de poder sacrificando a força da vida. Nesse diagnóstico delineia-se a necessidade de uma reviravolta que recupere o destino e a simbologia da história: ela não pode ser dada, para Spengler, pela democracia, mera ditadura do dinheiro, nem pelas ideologias do progresso, como o socialismo, escravas da técnica, nem pelo niilismo renunciatório, mas pela tensão trágica, que reconcilie história e natureza num novo início. Segundo a clara profecia de Croce, essas análises deviam produzir terríveis frutos de acordo com as apropriações mais diversas, todas elas, todavia, ligadas a leituras ideológicas e violentas, de direita e de esquerda...

Bem diferente, porém, é a origem da categoria de 'naufrágio'. É Hans Blumenberg o pensador que a propõe[3], reconstruindo a história dessa metáfora como chave interpretativa da autocompreensão do Ocidente. O ponto de partida é o texto de Lucrécio, que — apresentando a cena do espectador que da margem assiste seguro a um naufrágio[4] — joga na contraposição entre a terra firme e o mar inconstante, exprimindo nessa metáfora a concepção clássica da existência, certa de um ponto de apoio de onde poder olhar a cena da vida e do mundo. É essa certeza que se perde no tempo da modernidade: "*Vous êtes embarqué*", dirá Pascal[5]. O náufrago é agora o próprio espectador: "Não há mais o estável ponto de vista a partir do

3. *Naufragio con spettatore. Paradigma di una metafora dell'esistenza*, Il Mulino, Bolonha 1985 (orig.: *Schiffbruch mit Zuschauer. Paradigma einer Daseinsmetapher*, Suhrkamp, Frankfurt am Main 1979).

4. "É belo, quando sobre o mar se embatem os ventos/e a sombria vastidão das águas se turva,/olhar da terra o distante naufrágio:/não te alegra o espetáculo da ruína alheia,/mas a distância de semelhante sorte": LUCRÉCIO, *De rerum natura*, II, 1-4.

5. *Pensées*, in *Oeuvres coplètes*, por J. Chevalier, Gallimard, [Paris] 1954, n. 451 (= 233 Brunschvigc)[ed. br.: *Pensamentos*, Martins Fontes, São Paulo 2001]. Blumenberg põe essa frase como exergo em seu livro.

qual o historiador poderia ser o espectador a distância". Com Burckhardt, Hans Blumenberg não hesita em afirmar: "Gostaríamos de conhecer a onda sobre a qual andamos à deriva no oceano; só que essa onda somos nós mesmos"[6]. A possibilidade única que resta é agora "construir uma nave para nós com os restos do naufrágio": "Deve-se constantemente levar em consideração que estamos à deriva; há muito não se trata mais de navegação ou de rota, do desembarque e do porto. O naufrágio perdeu a própria ação-quadro. O que deve ser dito é: a ciência não fornece o que os desejos e as pretensões tinham traduzido em expectativas a ela dirigidas; mas o que ela fornece não pode ser essencialmente superado e basta às exigências da conservação da vida"[7]. Acrescenta Blumenberg, fazendo suas as palavras de Neurath: "Somos como marinheiros que devem reconstruir a sua nave em mar aberto, que não podem jamais demoli-la em terra firme e reconstruí-la com o uso dos melhores materiais". E conclui, abrindo a metáfora da condição 'pós-moderna' a um hipotético novo início: "Pensar o início quer, pois, dizer imaginar a condição sem a nave de apoio da linguagem natural e, independentemente da sua solidez, percorrer de novo num experimento ideal 'as ações com as quais, nadando no meio da mar da vida, poderíamos construir para nós uma jangada ou talvez uma nave'... Mas é claro que o mar contém outro material com relação ao já empregado na construção. De onde pode vir, para dar coragem a quem começa do início? Talvez de naufrágios precedentes?"[8].

6. *Naufragio con spettatore*, op. cit., 99.
7. Ibid., 105s.
8. Ibid., 109-111.

Diferente é o julgamento que Dietrich Bonhoeffer — o teólogo que morreu como mártir da barbárie nazista — exprime sobre o século XX, visto por ele como época dramática, conclusiva da pretensão moderna de explicar e dominar tudo com a razão: a falência das ideologias cederá lugar a um relativismo ainda mais devastador, a uma autêntica 'decadência': "Por não haver nada de durável, falta o fundamento da vida histórica, ou seja, a confiança, em todas as suas formas. E, uma vez que não se tem confiança na verdade, substituem-na pelos sofismas da propaganda. Faltando a confiança na justiça, declara-se justo o que convém... É essa a singularíssima situação de nosso tempo, que é um tempo de autêntica decadência"[9]. E a causa última desse desfecho é para Bonhoeffer a loucura das pretensões ideológicas: "O dono da máquina torna-se seu escravo e a máquina se torna inimiga do homem. A criatura se revolta contra quem a criou: singular réplica do pecado de Adão! A emancipação das massas desemboca no terror da guilhotina. O nacionalismo leva inevitavelmente à guerra. O ideal absoluto da libertação leva o homem à autodestruição. No final da via pela qual nos encaminhamos com a revolução francesa encontra-se o niilismo"[10]. A decadência não é o abandono dos valores, a renúncia a viver alguma coisa pela qual, todavia, se pensa vale a pena viver: bem mais sutilmente, ela priva o homem da paixão pela verdade, tira-lhe o gosto de combater por uma razão mais alta, despoja-o das

9. *Etica*, org. E. Bethge, tr. it. de A. Comba, Milão 1969², 91 (orig.: *Ethik*, zusammengestellt und hrsg. Von E. Bethge, Kaiser, Munique 1949; hrsg. Von I. Tödt, H. E. Tödt, E. Feil, C. Green, Kaiser, Munique 1922).

10. Ibid., 86s.

fortes motivações que a ideologia ainda parecia lhe oferecer. O fim do século XX parece dar razão a essa análise: no cenário da pós-modernidade o que emerge é muitas vezes apenas o triunfo da máscara em detrimento da verdade, o niilismo da renúncia a amar, quando os homens evitam a dor infinita da evidência do nada, fabricando para si máscaras de bem parecer atrás das quais esconder a tragicidade do vazio. Essa é também a situação em relação à qual Bonhoeffer propõe a centralidade do Deus sofredor e o Evangelho do cristianismo não-religioso, em claro e forte contraste com outras respostas teológicas, segundo ele ainda doentes de ideologia e comprometidas com o encanto do espírito moderno.

Convergente no resultado final de constatação de uma crise não resolvida é a análise que faz do século XX o historiador Eric J. Hobsbawm, aquele que lançou a feliz fórmula: "o breve século", assumida para indicar os próximos limites efetivos dele, constituídos, de uma parte, pela explosão da Primeira Guerra Mundial, de outra pelo fim do sistemas de blocos contrapostos[11]: "A estrutura do século breve apresenta-se como a de um tríptico ou de um sanduíche histórico. A um período da catástrofe, que vai de 1914 até os acontecimentos após a Segunda Guerra Mundial, seguiram-se uns trinta anos de extraordinário crescimento econômico e de transformação social que provavelmente modificaram a sociedade humana de modo mais profundo do que qualquer outro período de igual brevidade. Olhando para trás, aqueles anos podem ser considera-

11. *A era dos extremos — o breve século XX*, Cia. das Letras, São Paulo, 1995[10]. Nas notas seguintes a edição citada é a italiana: *Il secolo breve*, Rizzoli, Milano 1998[16].

dos uma espécie de Idade de ouro e assim foram vistos, mal chegaram ao fim, lá pelos inícios dos anos 70. A última parte do século foi uma nova época de decomposição, de incerteza e de crise — e até, para grande parte do mundo, como a África, a ex-URSS e as ex-nações socialistas da Europa oriental, uma Idade de catástrofe. No início dos anos 90, aqueles que refletiram sobre o passado e sobre o futuro do século foram invadidos por um crescente sentimento de tristeza, típico do *fin-de-siècle*. Do propício ponto de observação dos anos 90, parece que o século breve passou por uma breve Idade de ouro, em seu caminho que passou de uma época de crise para uma outra época de crise, em direção a um futuro desconhecido e problemático, mas não necessariamente apocalíptico"[12]. Tendo sido aberto sob o signo da crise, "o século mais sanguinário de que a história se lembra"[13] fechou-se sob o signo da crise, ainda que em relação a seus inícios o mundo seja hoje "qualitativamente diferente em pelo menos três aspectos. Em primeiro lugar, não é mais um mundo eurocêntrico...", em segundo lugar "tornou-se um campo operativo unitário" — a "aldeia global", segundo a fórmula de MacLuhan (1962) —, enfim nele se realizou "a desintegração dos velhos modelos das relações humanas e sociais, de que deriva também a ruptura dos vínculos entre as gerações, ou seja, entre o passado e o presente"[14].

---

12. Ibid., 18.

13. Ibid., 25: "Um cálculo recente das grandes matanças do nosso século registra 187 milhões de mortos (Brzezinski, 1993), que equivalem a uma relação de mais de um por dez sobre o total da população mundial de 1900" (24).

14. Ibid., 27s.

Entre as leituras otimistas do século XX, vale a pena citar — pela repercussão que teve — a do americano (de origem japonesa) Francis Fukuyama[15]: a tese dele é de que "se chegamos hoje a um ponto em que não podemos imaginar um mundo substancialmente diferente do nosso, em que não se vê de que modo o futuro poderia constituir uma melhora essencial com relação à nossa ordem atual, então temos de levar também em consideração a possibilidade de que a própria História chegou ao fim"[16]. Obviamente, o fim suposto não é "o dos acontecimentos e muito menos dos maiores e mais graves, mas da História entendida como processo evolutivo único e coerente, que leva em consideração as experiências de todos os povos em todos os tempos. Essa concepção da História estava intimamente ligada ao pensamento do grande filósofo alemão G. W. F. Hegel. Ela passou a fazer parte da nossa atmosfera intelectual cotidiana graças a Karl Marx, que a emprestou de Hegel, e está implícita no uso que fazemos de termos como 'primitivo' ou 'evoluído', 'tradicional' ou 'moderno', quando falamos dos diversos tipos de sociedades humanas"[17]. Com otimismo de 'sonho americano', Fukuyama por isso sentencia: "A democracia liberal... [poderia] constituir o ponto de chegada da evolução ideológica da humanidade e a definitiva forma de governo entre os homens, apresentando-se assim como o fim da História"[18]. Todavia, a análise da necessidade de reconhecimento,

15. *La fine della storia e l'ultimo uomo*, Rizzoli, Milão 1996 (orig.: *The End of History and the Last Man*, Free Pr., Nova York-Toronto 1992).

16. Ibid., 72.

17. Ibid., 10.

18. Ibid., 9.

presente no ser humano como verdadeira mola do progresso histórico, leva Fukuyama a admitir que talvez o paraíso na terra não tenha ainda chegado, ou, pelo menos, não o seja para todos: "Nós, ocidentais, nos tornamos pessimistas a respeito da possibilidade de um progresso global dentro das instituições democráticas. Mas esse profundo pessimismo não é acidental. Nasceu dos terríveis acontecimentos políticos da primeira metade do século XX"[19]. Fica aberta a pergunta: "Mas o reconhecimento que os cidadãos das democracias liberais contemporâneas podem obter é 'totalmente satisfatório'?... Nietzsche julgava que a democracia moderna não fazia dos escravos os patrões de si mesmos, mas que era a vitória incondicional dos escravos e de uma moral de escravos. O cidadão típico de uma democracia liberal era para Nietzsche um 'último homem', o qual, formado na escola dos fundadores do liberalismo moderno, cessara de crer firmemente na própria superioridade em troca da mais cômoda autoconservação"[20]. Mesmo assim, porém, no 'último homem' pode nascer um novo desejo de reconhecimento... e a História recomeçar.

5.2. A PERGUNTA SOBRE DEUS E A 'RESERVA ESCATOLÓGICA'

O que impressiona nessa breve relação de interpretações do século XX — à exceção da de Bonhoeffer — é a total falta de atenção à dimensão religiosa e transcendente da existência humana. Todavia, é justamente dessa dimensão que

19. Ibid., 11.
20. Ibid., 20.

nasceram alguns dos processos mais radicais de transformação e de crise dos universos totalizadores das ideologias que ocuparam a cena central do 'breve século'. Um exemplo para todos pode ser ilustrativo, inclusive pelo momento e lugar em que se situa (Berlim, 1939): Romano Guardini — professor universitário de 'visão católica do mundo' (*Katholische Weltanschauung*) — é obrigado a deixar o ensino, porque no Estado nacional-socialista, que tem sua própria visão do mundo, julga-se incompatível o ensino de uma outra visão numa cátedra universitária. Explode a guerra e o professor 'demitido' escolhe continuar de outro modo seu serviço à verdade do Evangelho: no âmbito da universidade popular católica e das atividades da igreja de São Canísio, mantida pelos jesuítas, desenvolve um ciclo de conferências sobre *As coisas últimas*. O texto é publicado logo (1940) e nos chega como um testemunho extraordinário de "escrita em código" — "escrita reticente" — que numa linguagem aparentemente estranha aos acontecimentos da hora veicula na realidade um potencial crítico bem compreensível aos ouvintes do tempo[21]. A testemunha de fé que gostariam de fazer calar continua a justificar a esperança que ele tem e que é explosiva em relação aos gargalos asfixiantes e dramáticos da ideologia dominante.

O tema escolhido é até 'subversivo': diante de uma visão do mundo que presume abarcar todo o horizonte da realidade, as coisas últimas — morte, ressurreição, juízo e vida eterna — oferecem-se como o objeto irredutível a uma explica-

21. Tradução italiana feita sobre a segunda edição, reeditada com uma introdução de G. Canobbio, Morcelliana, Brescia 1997.

ção apenas intramundana, como a 'reserva escatológica' que faz o papel de toque de alarme em relação a toda pretensão exclusiva da ideologia. Dessa referência crítica compreende-se também o acento personalista que Guardini dá a seu objeto de reflexão: o mundo que deve vir, irredutível ao mundo presente e dele não dedutível, é na realidade o estilo do Deus pessoal e transcendente, que julga e mede a consistência e a fragilidade de todos os juízos humanos e de todas as pretensões propostas pela barbárie ideológica no poder. A primazia dominante do Outro, soberano e transcendente, é confutação da pregada obediência absoluta ao Führer e é sentinela crítica das monstruosidades que uma visão do mundo sem Deus pode chegar a perpetrar à custa do homem e da civilização. É somente a Deus, juiz do homem e da história, que se deve confiança e obediência, tanto na vida como na morte.

Essa convicção aproxima Guardini das teses escritas por Karl Barth em Barmen, em 1943, inspiradoras da resistência cristã ao nazismo. A primeira delas — fundamento das outras — afirma: "Jesus Cristo, como nos é testemunhado pela sagrada Escritura, é a única Palavra de Deus, que nós devemos escutar e à qual devemos confiança e obediência tanto na vida como na morte. Nós rejeitamos a falsa doutrina segundo a qual a Igreja, como fonte de seu anúncio, pode e deve reconhecer, além e ao lado dessa única Palavra de Deus, outros eventos e poderes, figuras e verdades como revelação de Deus"[22]. Com respeito ao colega evangélico, porém, há no

22. *Theologische Erklärung von Barmen* (31 de maio de 1934), citado in *Kirchliche Dogmatik*, II/1, op. cit., 194.

pensador católico uma mais alta valorização da possibilidade humana e em particular da liberdade: isso se manifesta não só no contínuo recurso a exemplos tirados da experiência humana, mas também no forte apelo à responsabilidade e, portanto, em tomadas de posição inspiradas na coragem e na verdade: "Historicidade significa que a vontade do homem é livre; livre não só pelo que é indiferente, mas também pelo que é importante, até pelo que é decisivo em relação ao significado supremo da existência. O homem sujeita-se ao apelo do bem. Deve exercê-lo segundo sua liberdade; mas isso pressupõe que possa também abandoná-lo ou até a ele se opor — a possibilidade, pois, de se decidir por Deus ou contra Deus"[23]. O discurso sobre as coisas últimas, portanto, não é nada alienante ou consolador: justamente porque põe a pessoa diante do Deus que vem e que é ele próprio a ressurreição e a vida, o juízo e a eternidade para a criatura livre, ele responsabiliza ao máximo o homem no presente e o induz à assunção de responsabilidade que é documentada não apenas pelos muitos mártires cristãos do totalitarismo, mas também pelos inumeráveis atos de caridade escondida, que no triunfo da barbárie foram realizados por não poucos anônimos 'samaritanos'.

É aqui que as páginas de Guardini revelam sua força profética, que as torna significativo testemunho do papel desempenhado pela teologia no efetivo desenvolvimento dos processos críticos do século XX: na diferença entre poder e valor, Guardini — como crente — não hesita em escolher o

23. *Le cose ultime*, op. cit., 80s.

valor, como o fizeram os mártires e todos os que em sua fraqueza manifestaram o poder de Deus: "É intrínseco à história alguma coisa parecer óbvio num primeiro momento, mas em seguida mostrar-se surpreendente: o fato de valor e poder não serem a mesma coisa. 'Valor' é aquilo pelo qual alguma coisa tem direito de ser, o que justifica o exercício de uma ação"[24]. O que — traduzido na dramática situação vivida pelos ouvintes de Guardini — acabava significando que o direito do fraco, do perseguido, do judeu ou de qualquer outro ser humano é infinito e inalienável, e não pode ser calcado por quem — tendo o poder — pretende impor sua lei e sua verdade. Há, enfim, uma primazia inalienável do bem e da verdade, que nenhum outro poder deste mundo tem o direito de substituir por outras primazias.

Se isso era inquietante e profético na Alemanha nazista, não o é menos para a cultura fraca e renunciatória da nossa assim chamada pós-modernidade, que, com o abandono das seguranças ideológicas, que entraram em crise, rejeita com freqüência a paixão pela verdade e o sentido de um horizonte maior, capaz de fundamentar o compromisso com a justiça e com o bem e a responsabilidade pelos outros. Guardini nos ajuda assim a perceber a extraordinária importância que as 'coisas últimas' têm também para nós, herdeiros do naufrágio da cultura ideológica dominante até poucos anos atrás e necessitados de uma esperança que nos leve além de nossas solidões e além de todo desempenho possível.

24. Ibid., 82.

5.3. Uma ordem de prioridade para a consciência cristã: *martyría* — *koinōnía* — *diakonía*

A evocação do conflito das interpretações do século XX e o testemunho emblemático do discurso 'em código' de Guardini sobre as 'coisas últimas' delineiam algumas grandes prioridades para a teologia e para a fé cristã, adentrado o terceiro milênio, que resultam, aliás, de todo o itinerário percorrido neste livro. Com uma terminologia ao mesmo tempo antiga e significativa para a atualidade, poder-se-ia reportá-las às três urgências da μαρτυρία, da κοινωνία e da διακονία. Elas respondem à pergunta decisiva: como tornar operante a 'reserva escatológica' da fé cristã nos cenários do tempo que abrem o novo milênio?

A via da μαρτυρία corresponde a uma renovada exigência de espiritualidade que emergiu no exercício da parábola da época moderna. A modernidade contrapusera a verdade universal e necessária da razão e a verdade contingente da vida, favorecendo em teologia o divórcio entre reflexão e espiritualidade, que a tornara bastante árida e intelectualista (p. ex., a manualística!), caracterizando ao mesmo tempo a espiritualidade em sentido bastante sentimental e intimista. A época pós-moderna leva a superar esse fosso: a alternativa que a fé opõe às ideologias está precisamente na possibilidade de experimentar uma relação pessoal com a Verdade, alimentada de escuta e de diálogo com o Deus vivo. A Verdade não é algo que se possui, mas Alguém por quem se deixar possuir, Aquele que é pessoalmente o *universale concretum*, o Cristo que une em si o céu e a terra, a eternidade e o tempo.

Longe de se apresentar como fuga do mundo, segundo crítica em voga nos anos da ideologia rampante, a dimensão contemplativa da vida e a espiritualidade do seguimento do Crucificado Ressuscitado parecem oferecer-se como reserva de integralidade humana e de autêntica socialidade. Concretamente, isso significa que diante da queda dos grandes horizontes de sentido, próprios da modernidade, os crentes são chamados em primeiro lugar a dar testemunho de Cristo, qualificando-se como seus discípulos, apaixonados por Sua Verdade, que liberta e salva. Mais que nunca é preciso que eles digam com a vida que há razões para viver e para viver juntos e que essas razões não estão em nós mesmos, mas no horizonte último que a fé reconhece como revelado e dado nAquele que é a Palavra brotada do eterno Silêncio de Deus. Trata-se de voltar ao primado de Deus na fé, elaborando uma teologia que seja fiel e propriamente 'teológica' e tendo o coração e a mente atentos ao último horizonte, que em Cristo foi revelado e oferecido ao mundo. Trata-se de viver a memória de Deus em nós, confiando a Ele toda a existência. Há necessidade de cristãos adultos, convictos de sua fé, experientes da vida segundo o Espírito, prontos a justificar a sua esperança. Também com base nessas considerações, pode-se supor que o futuro do cristianismo (e da teologia nele) ou será mais fortemente espiritual e místico ou poderá contribuir bem pouco para a superação da crise e para a mudança em vigor no mundo.

Ao lado da vida da μαρτυρία, a da κοινωνία corresponde à nostalgia de unidade que, embora em forma ambígua e complexa, se apresenta nos processos de 'globalização' do planeta. Em particular, na Europa — berço das divisões entre os cristãos —, a desagregação que se seguiu à queda do muro de Berlim e o emergir violento dos regionalismos e dos nacionalismos desafiam as Igrejas a se porem como sinal e instrumento de reconciliação entre si e a serviço de seus povos (p. ex., nesse sentido, o significado da segunda Assembléia Ecumênica Européia, realizada em Graz, em 1997, sobre o tema da reconciliação hoje na Europa e definida como a assembléia do 'ecumenismo do povo', ou o valor emblemático da *Declaração conjunta sobre a doutrina da justificação* subscrita por católicos e luteranos em Augsburgo, em 31 de outubro de 1999). Os discípulos da Verdade que salva são chamados a ser em suas comunidades as testemunhas da companhia do Deus conosco. Não se constrói o amanhã de Deus no presente dos homens por meio de aventuras solitárias ou fugas das responsabilidades comuns: também o pensamento da fé não pode declarar-se fora da responsabilidade eclesial porque é da comunhão que nasce a teologia e é a serviço da comunhão que ela se põe. A 'multidão das solidões' é o produto típico do niilismo da pós-modernidade: em relação a ela pede-se aos cristãos que dêem testemunho, em coro, da possibilidade de viver juntos. Querer-se Igreja, amar a Igreja é tornar a Igreja comunidade habitável, acolhedora, atraente, onde nos sintamos todos acolhidos, respeitados, pessoalmente reconciliados na caridade. O mundo saído do naufrágio dos totalitarismos ideológicos tem necessidade como nunca dessa caridade concreta, discreta e solidária, que sabe fazer-se companhia na vida e sabe construir a via em comunhão. Nesse contexto, emerge uma nova atenção à 'catolicidade', entendida seja segundo seu significado de universalismo geográfico, que se tornou mais que nunca atual pelos processos de 'globalização' do planeta, seja segundo o sentido de plenitude e de totalidade, que remete à integralidade da fé e da atualização plena da memória de Cristo: não se deve hesitar, enfim, em reconhecer que o cristianismo futuro ou será mais 'católico' (no sentido teológico forte), ou correrá ou risco de total irrelevância no que se refere à salvação do mundo.

Enfim, a διακονία, da caridade vivida no compromisso com a justiça, a paz e a salvaguarda da criação, apresenta-se como a terceira grande prioridade para os cristãos dos inícios do terceiro milênio. O entrelaçamento dos desafios da justiça social com os das relações internacionais de dependência e com a questão ecológica apresenta-se com grande clareza quando se consideram os processos em andamento na ótica da 'globalização': os cristãos, presentes nos contextos mais diversos do planeta, são certamente protagonistas privilegiados para manter desperta uma consciência crítica atenta a defender a qualidade da vida para todos e capaz de se fazer voz especialmente de quem não tem voz e de enfrentar as lógicas exclusivamente egoísticas de muitas das grandes instâncias de poder econômico e político no plano mundial. Nesse empenho, os crentes não deverão contar com outros meios senão com os de seu testemunho e da vitalidade de sua fé e operosidade evangélica. As mudanças ocorridas especialmente nas últimas décadas do século XX em âmbito planetário exigem, todavia, de todas as Igrejas não apenas que assumam a denúncia do sistema iníquo de dependências que rege as relações especialmente entre o Norte e o Sul do mundo, mas também que contribuam para identificar uma via econômico-política que supere tanto a rigidez do coletivismo e de seus fracassos históricos como os egoísmos míopes de um capitalismo absolutista e centralizador (via indicada pela *Centesimus annus,* de João Paulo II).

Não menos urgente se mostra, aliás, o despertar da consciência da responsabilidade ecológica e o aprofundamento de uma espiritualidade que mantenha juntos o compromisso com a justiça, a paz e a salvaguarda da criação. Os cristãos, enfim, serão chamados cada vez mais a se fazerem servos por amor, vivendo o êxodo de si sem retorno, no seguimento do Abandonado, construindo a via em comunhão, solidários especialmente com os mais fracos e mais pobres de seus companheiros de estrada. Se o Cristo está no centro da vida da Igreja, então ela não poderá se declarar fora da história de sofrimento e de lágrimas à qual Ele veio e onde cravou a Sua Cruz para a ela estender o poder da Sua vitória pascal.

Certamente, esse estilo de partilha e de serviço solidário comportará também — tanto no plano do pensamento como no da vivência de cada dia — a necessidade de se posicionar e de denunciar a injustiça e o pecado, que lhe está subjacente: amar concretamente os homens significa também revirar seu modo de agir. Trata-se em todo caso de pôr em primeiro lugar não um interesse mundano ou um cálculo político, mas o exclusivo interesse pela causa da verdade de Cristo e da sua justiça; trata-se em nome dele de arriscar a vida, comprometendo-a com o testemunho, carregando a cruz se necessário, procurando sempre com todos a via em comunhão. Pede-se, então, à fé vivida e refletida dos cristãos a audácia de idéias e de gestos significativos e inequívocos de caridade e de justiça no seguimento do Abandonado da Cruz: o cristianismo do terceiro milênio ou será mais crível na caridade e no serviço que ela inspira, ou será bem pouco ouvido no coração dos náufragos do 'século breve' que permanecem — apesar de tudo — à procura do sentido perdido, capaz de dar sabor à vida e à história, como somente Cristo em seu amor crucificado soube fazer...

Índice de nomes

A

Adorno, Th. W. 14, 84
Afanassieff, N. 35
Alberigo, G. 58
Alivizatos, H. 36
Amery, C. 46
Anaxágoras 82
Antoniazzi, E. 60
Ateek, N. S. 29
Auer, A. 49

B

Balasurya, T. 30
Balthasar, H. U. von 42, 75
Baraúna, G. 62
Barth, K. 40, 93, 101, 112, 139
Bastianel, S. 49
Berdiaev, N. 35
Bethge, E. 15, 128
Bettscheider, H. 59
Blaser, K. 59
Bloch, E. 99
Blumenberg, H. 114, 126, 127
Boff, C. 27
Bompiani, A. 15, 49, 68, 79
Bonhoeffer, D. 15, 79, 128, 129, 132
Brown, R. E. 22
Brunschvigc, L. 126
Brzezinski, Z. 130
Buber, M. 88, 101
Bulgakov, S. 35
Bultmann, R. 94
Burckhardt, J. 127
Bürkle, H. 55

C

Cacciari, M. 89, 92
Calogero, G. 82
Canobbio, G. 133
Casas, B. de las 28
Cattaneo, E. 62
Cereti, G. 60
Chamberlain, H. S. 124
Chevalier, J. 126
Ciola, N. 59
Colombo, G. 59

Comba, A. 128
Cone, J. H. 20, 59
Congar, Y. 42
Cox, H. 22
Croce, B. 124, 126
Cummings, G. C. L. 20
Curran, Ch. 22

D

Daly, M. 20
Daniélou, J. 42
D'Costa, G. 42
De Negri, E. 99
Dianich, S. 55
Doré, J. 18
Drewermann, E. 46
Dulles, A. 23
Dupuis, J. 42
Duquoc, C. 18

E

Ela, J. M. 30
Evdokimov, P. 35

F

Fatta, C. 77, 82
Feil, E. 128
Fern, D. W. 59
Florenskij, P. A. 35, 93
Florovskij, G. 35
Forte, B. 10, 19, 59, 62, 69, 77, 88, 90, 92, 93
Francisco de Assis 46
Fukuyama, F. 131, 132

G

Gadamer, H. G. 68
Galilea, S. 28
Ganoczy, A. 46
Gibellini, R. 59, 60
Gisel, P. 46
González de Cardedal, O. 19
Green, C. 128
Grenz, S. J. 59
Guardini, R. 133, 134, 135, 136, 137
Guasco, M. 59
Guerriero, E. 59
Gutiérrez, G. 27, 23, 28

H

Habermas, J. 81
Hastings, A. 59
Hegel, G. W. F. 81, 82, 86, 88, 99, 100, 131
Heidegger, M. 35, 83, 89
Hick, J. 40, 42
Hobsbawm, E. 14, 80, 129
Hölderlin, F. 88
Hopkins, D. N. 20
Horkheimer, M. 14, 84
Hunt, M. 59

I

Ignazio di Loyola 95
Inácio de Loyola 46

J

João da Cruz 28
João Paulo II 21, 25, 26, 33, 37, 41, 50, 55, 77, 78, 120, 141
Johnson, E. 20
Jossua, J. P. 58
Jüngel, E. 19

K

Kant, I. 82
Kasper, W. 18, 19, 69, 71
Katoppo, M. 21
Kierkegaard, S. 101
Knitter, P. 41
Krolzik, U. 46
Kundera, M. 89, 90

L

Ladrière, P. 59
Lafont, G. 18, 86, 91
Landshut, S. 81
Latourelle, R. 59
Libanio, J. B. 60
Liedke, G. 46
Lohfink, N. 39
Losskij, Vl. 35
Lubac, H. de 42
Lukács, G. 100
Luneau, R. 59, 60
Lunen, M.-Th. van 60

M

MacLuhan, H. M. 130
Martini, C. M. 53, 77
Marx, K. 81, 82, 131
Mbiti, J. 30
Metz, J. B. 17, 86, 95
Meyendorff, J. 35
Michel, P. 60
Moltmann, J. 17, 18, 46, 65
Mondin, B. 18
Montini, G. B. 61
Mussner, F. 39

N

Neurath, O. 127
Nietzsche, F. 81, 83, 84, 101, 132
Nissiotis, N. 36

O

Olson, R. E. 59
Osculati, R. 18

P

Panikkar, R. 41
Pannenberg, W. 18
Panzieri, R. 82
Pascal, B. 126
Pawlikowski, J. T. 60
Pesce, M. 60
Pesch, O. H. 60
Pieris, A. 30
Pottmeyer, H. J. 60
Poulat, E. 60

R

Radford Ruether, R. 20
Rahner, K. 42, 53, 95
Ratzinger, J. 19
Rendtorff, T. 60
Ritter, J. 81
Rosenzweig, F. 84, 90, 95, 101
Rovira Belloso, J. 19
Ruiz de la Peña, J. L. 46

S

Sartre, J. P. 102, 103
Schelling, F. W. J. 101
Schillebeeckx, E. 19, 42
Schlette, H. R. 42
Scholem, G. 38

Schoneveld, J. 37
Schüssler Fiorenza, E. 20
Sestieri, L. 60
Seumois, A. 55
Sgreccia, E. 49
Simone, M. 60
Soares-Prabhu, G. 30
Sobrino, J. 29
Spengler, O. 124, 125
Spinsanti, A. 49
Stevens, W. 92
Strecker, G. 60
Suenens, L. J. 61
Suh, D. 30

T

Teresa de Ávila 28
Tettamanzi, D. 49
Thoma, C. 38
Thurian, M. 55
Tiezzi, E. 45
Tillard, J. 35, 55
Tödt, I. 128
Tödt, H. E. 128
Tomás de Aquino 72, 92, 118
Torres Queiruga, A. 19
Tracy, D. 23
Traniello, F. 59

V

Vagaggini, C. 62
Vattimo, G. 89
Vilanova, E. 18

W

Wainright, G. 23
White, L. Jr. 46
Wilfred, F. 41, 60
Wilmore, G. S. 59
Winling, R. 60

Y

Yannaras, Ch. 35

Z

Zizioulas, J. 35

DISTRIBUIDORES DE EDIÇÕES LOYOLA

Se o(a) senhor(a) não encontrar qualquer um de nossos livros em sua livraria preferida ou em nossos distribuidores, faça o pedido por reembolso postal a Rua 1822 nº 347 – Ipiranga – CEP 04216-000 São Paulo, SP • Caixa Postal 42335 – 04218-970 São Paulo, SP • Telefone (11) 6914-1922 • Fax: (11) 6163-4275 • Home page e vendas: www.loyola.com.br • e-mail: vendas@loyola.com.br

AMAZONAS

EDITORA VOZES LTDA
Rua Costa Azevedo, 105 – Centro
Tel.: (92) 233-5777 • Fax: (92) 233-0154
69010-230 **Manaus**, AM
e-mail: vozes61@uol.com.br

LIVRARIAS PAULINAS
Av. 7 de Setembro, 665
Tel.: (92) 633-4251/233-5130 • Fax: (92) 633-4017
69005-141 **Manaus**, AM
e-mail: livmanaus@paulinas.org.br

BAHIA

LIVRARIA E DISTRIB. MULTICAMP LTDA
Rua Direita da Piedade, 20/22 – Piedade
Tel.: (71) 329-0326 / 329-1381
Telefax.: (71) 329-0109
40070-190 **Salvador**, BA
e-mail: multicamp@uol.com.br

EDITORA VOZES LTDA
Rua Carlos Gomes, 698A – Conjunto Bela Center – loja 2
Tel.: (71) 329-5466 • Fax: (71) 329-4749
40060-410 **Salvador**, BA
e-mail: vozes20@uol.com.br

LIVRARIAS PAULINAS
Av. 7 de Setembro, 680 – São Pedro
Tel.: (71) 329-2477/329-3668 • Fax: (71) 329-2546
40060-001 **Salvador**, BA
e-mail: livsalvador@paulinas.org.br

BRASÍLIA

EDITORA VOZES LTDA
SCLR/Norte – Q. 704 – Bloco A n. 15
Tel.: (61) 326-2436 • Fax: (61) 326-2282
70730-516 **Brasília**, DF
e-mail: vozes09@uol.com.br

LIVRARIAS PAULINAS
SCS – Q. 05 – Bl. C – Lojas 19/22 - Centro
Tel.: (61) 225-9595 • Fax: (61) 225-9219
70300-500 **Brasília**, DF
e-mail: livbrasilia@paulinas.org.br

CEARÁ

EDITORA VOZES LTDA
Rua Major Facundo, 730
Tel.: (85) 231-9321 • Fax: (85) 221-4238
60025-100 **Fortaleza**, CE
e-mail: vozes23@uol.com.br

LIVRARIAS PAULINAS
Rua Major Facundo, 332
Tel.: (85) 226-7544 / 226-7398 • Fax: (85) 226-9930
60025-100 **Fortaleza**, CE
e-mail: livfortaleza@paulinas.org.br

ESPÍRITO SANTO

LIVRARIAS PAULINAS
Rua Barão de Itapemirim, 216 - Centro
Tel.: (27) 3223-1318 / 0800-15-712 • Fax: (27) 3222-3532
29010-060 **Vitória**, ES
e-mail: livvitoria@paulinas.org.br

GOIÁS

LIVRARIA ALTERNATIVA
Rua 70, nº 124 - Setor Central
Tel: (62) 229-0107 • Fax: (62) 212-1035
74055-120 **Goiânia**, GO
e-mail: distribuidora@livrariaalternativa.com.br

EDITORA VOZES LTDA
Rua 3, nº 291
Tel.: (62) 225-3077 • Fax: (62) 225-3994
74023-010 **Goiânia**, GO
e-mail: vozes27@uol.com.br

LIVRARIAS PAULINAS
Av. Goiás, 636
Tel.: (62) 224-2585/224-2329 • Fax: (62) 224-2247
74010-010 **Goiânia**, GO
e-mail: livgoiania@paulinas.org.br

MARANHÃO

EDITORA VOZES LTDA
Rua da Palma, 502 – Centro
Tel.: (98) 221-0715 • Fax: (98) 231-0641
65010-440 **São Luís**, MA
e-mail: livrariavozes@terra.com.br

LIVRARIAS PAULINAS
Rua de Santana, 499 – Centro
Tel.: (98) 232-3068 / 232-3072 • Fax: (98) 232-2692
65015-440 **São Luís**, MA
e-mail: fspsaoluis@elo.com.br

MATO GROSSO

EDITORA VOZES LTDA
Rua Antônio Maria Coelho, 197A
Tel.: (65) 623-5307 • Fax: (65) 623-5186
78005-970 **Cuiabá**, MT
e-mail: vozes54@uol.com.br

MARCHI LIVRARIA E DISTRIBUIDORA LTDA
– LIVRARIA VOGAL –
Av. Getúlio Vargas, 381 – Centro
Tel.: (65) 3226-9677 • Fax: (65) 322-3350
78005-600 **Cuiabá**, MT
e-mail: fmarchi@terra.com.br

MINAS GERAIS

EDITORA VOZES LTDA
Rua Sergipe, 120 – loja 1
Tel.: (31) 3226-9010 • Fax: (31) 3226-7797
30130-170 **Belo Horizonte**, MG
e-mail: vozes04@uol.com.br

EDITORA VOZES LTDA
Rua Tupis, 114
Tel.: (31) 3273-2538 • Fax: (31) 3222-4482
30190-060 **Belo Horizonte**, MG
e-mail: vozes32@uol.com.br

Rua Espírito Santo, 963
Tel.: (32) 3215-9050 • Fax: (32) 3215-8061
36010-041 **Juiz de Fora**, MG
e-mail: vozes35@uol.com.br

ASTECA DISTRIBUIDORA DE LIVROS LTDA.
Rua Costa Monteiro, 50 e 54
Bairro Sagrada Família
Tel.: (31) 3423-7979 • Fax: (31) 3424-7667
31030-480 **Belo Horizonte**, MG
e-mail: distribuidora@astecabooks.com.br

LIVRARIAS PAULINAS
Av. Afonso Pena, 2142
Tel.: (31) 3269-3700 • Fax: (31) 3269-3730
30130-007 **Belo Horizonte**, MG
e-mail: livbelohorizonte@paulinas.org.br

Rua Curitiba, 870 - Centro
Tel.: (31) 3224-2832 • Fax (31) 3224-2208
30170-120 **Belo Horizonte**, MG
e-mail: gerencialivbelohorizonte@paulinas.org.br

MÃE DA IGREJA LTDA
Rua São Paulo, 1054/1233 – Centro
Tel.: (31) 3213-4740 / 3213-0031
30170-131 **Belo Horizonte**, MG
e-mail: maedaigrejabh@wminas.com

PARÁ

LIVRARIAS PAULINAS
Rua Santo Antônio, 278 – Bairro do Comércio
Tel.: (91) 241-3607 / 241-4845 • Fax: (91) 224-3482
66010-090 **Belém**, PA
e-mail: livbelem@paulinas.org.br

PARANÁ

EDITORA VOZES LTDA
Rua Voluntários da Pátria, 41– Loja 39
Tel.: (41) 233-1392 • Fax: (41) 224-1442
80020-000 **Curitiba**, PR
e-mail: vozes21@uol.com.br

Rua Senador Souza Neves, 158-C
Tel.: (43) 3337-3129 • Fax: (43) 3325-7167
86020-160 **Londrina**, PR
e-mail: vozes41@uol.com.br

LIVRARIA MILLENIUM LTDA.
Rua Dr. Goulin, 1523 – Hugo Lange
Tel.: (41) 362-0296 / 262-8992
Fax: (41) 362-0296 / 362-1367
80040-280 **Curitiba**, PR
e-mail: livraria@milleniumlivraria.com.br

LIVRARIAS PAULINAS
Rua Voluntários da Pátria, 225
Tel.: (41) 224-8550 • Fax: (41) 223-1450
80020-000 **Curitiba**, PR
e-mail: livcuritiba@paulinas.org.br

Av. Getúlio Vargas, 276 – Centro
Tel.: (44) 226-3536 • Fax: (44) 226-4250
87013-130 **Maringá**, PR
e-mail: livmaringa@paulinas.org.br

PERNAMBUCO, PARAÍBA, ALAGOAS, RIO GRANDE DO NORTE E SERGIPE

EDITORA VOZES LTDA
Rua do Príncipe, 482
Tel.: (81) 3423-4100 • Fax: (81) 3423-7575
50050-410 **Recife**, PE
e-mail: vozes10@uol.com.br

LIVRARIAS PAULINAS
Rua Duque de Caxias, 597 – Centro
Tel.: (83) 241-5591 / 241-5636
Fax: (83) 241-6979
58010-821 **João Pessoa**, PB
e-mail: livjpessoa@paulinas.org.br

Rua Joaquim Távora, 71
Tel.: (82) 326-2575 • Fax: (82) 326-6561
57020-320 **Maceió**, AL
e-mail: livmaceio@paulinas.org.br

Rua João Pessoa, 224 – Centro
Tel.: (84) 212-2184 • Fax: (84) 212-1846
59025-500 **Natal**, RN
e-mail: livnatal@paulinas.org.br

Rua Frei Caneca, 59 – Loja 1
Tel.: (81) 3224-5812 / 3224-6609
Fax: (81) 3224-9028 / 3224-6321
50010-120 **Recife**, PE
e-mail: livrecife@paulinas.org.br

RIO DE JANEIRO

ZÉLIO BICALHO PORTUGAL CIA. LTDA
Vendas no Atacado e no Varejo
Av. Presidente Vargas, 502 – sala 1701
Telefax: (21) 2233-4295 / 2263-4280
20071-000 **Rio de Janeiro**, RJ
e-mail: zeliobicalho@prolink.com.br

Rua Marquês de S. Vicente, 225 – PUC
Prédio Cardeal Leme – Pilotis
Telefax: (21) 2511-3900 / 2259-0195
22451-041 **Rio de Janeiro**, RJ

Centro Tecnologia – Bloco A – UFRJ
Ilha do Fundão – Cidade Universitária
Telefax: (21) 2290-3768 / 3867-6159
21941-590 **Rio de Janeiro**, RJ

EDITORA VOZES LTDA
Rua México, 174 - Sobreloja - Centro
Telefax: (21) 2215-0110 / (21) 2220-8546
20031-143 **Rio de Janeiro**, RJ
e-mail: vozes42@uol.com.br

Rua do Imperador, 834 – Centro
Telefax: (24) 2233-9000 – Ramal 9045
25620-001 **Petrópolis**, RJ
e-mail: vozes62@uol.com.br

LIVRARIAS PAULINAS
Rua 7 de Setembro, 81-A
Tel.: (21) 2232-5486 • Fax: (21) 2224-1889
20050-005 **Rio de Janeiro**, RJ
e-mail: livjaneiro@paulinas.org.br

LIVRARIAS PAULINAS
Rua Dagmar da Fonseca, 45 – Loja A/B – B. Madureira
Tel.: (21) 3355-5189 / 3355-5931 • Fax: (21) 3355-5929
21351-040 **Rio de Janeiro**, RJ
e-mail: livmadureira@paulinas.org.br

Rua Doutor Borman, 33 – Rink
Tel.: (21) 2622-1219 • Fax: (21) 2622-9940
24020-320 **Niterói**, RJ
e-mail: livniteroi@paulinas.org.br

RIO GRANDE DO SUL

EDITORA VOZES LTDA
Rua Ramiro Barcelos, 386
Tel.: (51) 3225-4879 • Fax: (51) 3225-4979
90035-000 **Porto Alegre**, RS
e-mail: vozes19@uol.com.br

Rua Riachuelo, 1280
Tel.: (51) 3226-3911 • Fax: (51) 3226-3710
90010-273 **Porto Alegre**, RS
e-mail: vozes05@uol.com.br

LIVRARIAS PAULINAS
Rua dos Andradas, 1212 - Centro
Tel.: (51) 3221-0422 • Fax: (51) 3224-4354
90020-008 **Porto Alegre**, RS
e-mail: livpalegre@paulinas.org.br

RONDÔNIA

LIVRARIAS PAULINAS
Rua Dom Pedro II, 864 - Centro
Tel.: (69) 224-4522 • Fax: (69) 224-1361
78900-010 **Porto Velho**, RO
e-mail: fsp-pvelho@ronet.org.br

SANTA CATARINA

EDITORA VOZES
Rua Jerônimo Coelho, 308
Tel.: (48) 222-4112 • Fax: (48) 222-1052
88010-030 **Florianópolis**, SC
e-mail: vozes45@uol.com.br

SÃO PAULO

DISTRIBUIDORA LOYOLA DE LIVROS LTDA
Vendas no Atacado
Rua São Caetano, 959 – Luz
Tel.: (11) 3322-0100 • Fax: (11) 3322-0101
01104-001 **São Paulo**, SP
e-mail: vendasatacado@livloyola.com.br

Vendas no Varejo
Rua Senador Feijó, 120
Telefax: (11) 3242-0449
01006-000 **São Paulo**, SP
e-mail: senador@livloyola.com.br

Rua Barão de Itapetininga, 246
Tel.: (11) 3255-0662 • Fax: (11) 3231-2340
01042-001 **São Paulo**, SP
e-mail: loyola_barao@terra.com.br

Rua Quintino Bocaiúva, 234 – Centro
Tel.: (11) 3105-7198 • Fax: (11) 3242-4326
01004-010 **São Paulo**, SP
e-mail: atendimento@livloyola.com.br

EDITORA VOZES LTDA
Rua Senador Feijó, 168
Tel.: (11) 3105-7144 • Fax: (11) 3105-7948
01006-000 **São Paulo**, SP
e-mail: vozes03@uol.com.br

Rua Haddock Lobo, 360
Tel.: (11) 3256-0611 • Fax: (11) 3258-2841
01414-000 **São Paulo**, SP
e-mail: vozes16@uol.com.br

Rua dos Trilhos, 627 – Mooca
Tel.: (11) 6693-7944 • Fax: (11) 6693-7355
03168-010 **São Paulo**, SP
e-mail: vozes37@uol.com.br

Rua Barão de Jaguara, 1164
Tel.: (19) 3231-1323 • Fax: (19) 3234-9316
13015-002 **Campinas**, SP
e-mail: vozes40@uol.com.br

Centro de Apoio aos Romeiros
Setor "A", Asa "Oeste"
Rua 02 e 03 – Lojas 111 / 112 e 113 / 114
Tel.: (12) 564-1117 • Fax: (12) 564-1118
12570-000 **Aparecida**, SP
e-mail: vozes56@uol.com.br

LIVRARIAS PAULINAS
Rua Domingos de Morais, 660 - Vila Mariana
Tel.: (11) 5081-9330 • Fax: (11) 5549-7825
04010-100 **São Paulo**, SP
e-mail: livdomingos@paulinas.org.br

Rua XV de Novembro, 71
Tel.: (11) 3106-4418 / 3106-0602 • Fax: (11) 3106-3535
01013-001 **São Paulo**, SP
e-mail: liv15@paulinas.org.br

Via Raposo Tavares, km 19,145
Tel.: (11) 3782-1889 / 3782-0096 • Fax: (11) 3782-0972
05577-300 **São Paulo**, SP
e-mail: expedicao@paulinas.org.br

Av. Marechal Tito, 981
São Miguel Paulista
Tel.: (11) 6297-5756
Fax: (11) 6956-0162
08010-090 **São Paulo**, SP
e-mail: livsmiguel@paulinas.org.br

PORTUGAL

MULTINOVA UNIÃO LIV. CULT.
Av. Santa Joana Princesa, 12 E
Tel: (00xx351 21) 842-1820 / 848-3436
1700-357 **Lisboa**, Portugal

DISTRIBUIDORA DE LIVROS VAMOS LER LTDA.
Rua 4 de infantaria, 18-18A
Tel.: (00xx351 21) 388-8371 / 60-6996
1350-006 **Lisboa**, Portugal

EDITORA VOZES
Av. 5 de outubro, 23
Tel.: (00xx351 21) 355-1127
Fax: (00xx351 21) 355-1128
1050-047 **Lisboa**, Portugal